DAS SCHOKOLADEN — BUCH —

DAS SCHOKOLADEN — BUCH —

VALERIE BARRETT

KÖNEMANN

This book was designed and produced by
Quintet Publishing Limited
6 Blundell Street
London N7 9BH

Art Director: Peter Bridgewater
Editor: Nicolas Law
Photographer: Trevor Wood, Assisted by Michael Bull
Illustrator: Lorraine Harrison
Home Economist: Felicity Jelliff & Brenda Smith

Original title: The Chocolate Book

Bonner Str.126, D-50968 Köln
Druck und Bindung: Sing Cheong Printing Co., Ltd.
Printed in Hong Kong
ISBN 3-89508-180-9

Foto Seite 7 mit freundlicher Genehmigung von Rowntree Mackintosh; Foto Seite 9 mit freundlicher Genehmigung von Nestlé Co. Ltd.

Inhaltsübersicht

Die Geschichte der Schokolade

Die glatte, zartschmelzende Schokolade, die wir heute in unterschiedlichster Form überall erhalten, hat ihren Ursprung in einer einfachen kleinen braunen Bohne: der Kakaobohne. Sie ist der Samen des »Theobroma cacao«, eines Baumes, von dem man annimmt, daß er ursprünglich wild im Amazonasgebiet wuchs. Wahrscheinlich haben die Mayas die ersten Kakaoplantagen angelegt, als sie um 600 n. Chr. die Yucatán-Halbinsel besiedelten. Auch die Azteken kannten die Bohne und werden sie wohl auf ihren Eroberungszügen in Mittelamerika verbreitet haben.

Die Kakaobohnen dienten zwei Verwendungszwecken. Zum einen wurden sie als Zahlungsmittel benutzt – für zehn Bohnen soll man ein Kaninchen, für 100 schon einen Sklaven bekommen haben –, zum anderen wurde aus der Kakaobohne ein bitteres, schäumendes Getränk zubereitet, das religiöse und rituelle Bedeutung hatte. Dieser Trank, *Xocolatl* (bitteres Wasser) genannt, bestand aus gerösteten und gemahlenen Kakaobohnen, die mit Wein oder Wasser schaumig gerührt wurden.

Von Christoph Kolumbus heißt es, er habe Amerika entdeckt und sei damit der erste Europäer gewesen, der die Kakaobohne zu Gesicht bekommen und wahrscheinlich auch das Getränk gekostet habe. Bei seiner Rückkehr an den spanischen Hof waren auch ein paar Kakaobohnen unter den Schätzen, die er aus der Neuen Welt in die Heimat brachte, aber sie erregten kein besonderes Aufsehen – vielleicht weil Kolumbus selbst eher an der Suche nach neuen Routen in den Osten Interesse hatte. So tat sich erst einmal etwa siebzehn Jahre nichts in Sachen Schokolade, bis der Spanier Hernán Cortés 1519 Mexiko eroberte. Cortés und seine Konquistadoren weilten als Gäste am Hofe des Aztekenherrschers Montezuma, und obwohl der Spanier das Getränk nicht mochte, war er sehr beeindruckt von den Goldpokalen, in denen es serviert wurde. Cortés erkannte schnell den Wert der Kakaobohne als Währung und legte deshalb eigene Kakaoplantagen unter spanischer Flagge an. Als die Eroberer Mexiko verließen, nahmen sie auch ein paar der kostbaren Bohnen mit und pflanzten sie auf den verschiedenen Stationen ihrer Rückreise. Cortés brachte das Schokoladengetränk an den spanischen Königshof. Da es den Spaniern jedoch zu herb und bitter war, mischten sie Zucker und Vanille darunter. Durch diese Zusätze wurde es angenehm wohlschmeckend und erfreute sich rasch großer Beliebtheit bei Hofe und in der vornehmen Gesellschaft. Spanien legte immer mehr Kakaoplantagen in Übersee an, konnte jedoch das Geheimnis der Zubereitung des Getränkes noch die nächsten 100 Jahre bewahren.

1606 gelangte das Rezept über einen Italiener namens Antonio Carlotti nach Italien und breitete sich dann rasch in ganz Europa aus. Als Anna von Österreich Ludwig XIII. von Frankreich heiratete, brachte sie ihre eigene Schokolade mit, und auch bei der Vermählung der spanischen Prinzessin Maria Theresia mit Ludwig XIV. von Frankreich trank man bei Hofe Schokolade. Ein königlicher Schokoladenmacher wurde angestellt, das Getränk kam groß in Mode. Zu den Kaffeehäusern, die in England schon damals gesellschaftliche Treffpunkte waren, kamen nun die Schokoladenhäuser hinzu, in denen Politiker, Schriftsteller und Prominente verkehrten und die man als Vorläufer unserer heutigen Cafés betrachten kann.

Die erste deutsche Schokoladenfabrik wurde 1756 von Fürst Wilhelm von Schaumburg-Lippe in Steinhude gegründet. Überall in Eurpoa entstanden ähnliche Betriebe. Zum wirklichen Durchbruch kam es jedoch erst 1828, als der Holländer C.J. Houten sich ein Verfahren patentieren ließ, mit dem man die Kakaomasse entölen und so Kakaopulver herstellen konnte. Bis zu diesem Zeitpunkt hatte man die ganze gemahlene Bohne verwendet und damit ein recht »fettiges« Endprodukt erhalten. Van Houtens Kakaopresse entzog den Bohnen einen Teil der Kakaobutter, und übrig blieb, was wir heute als Kakaopulver bezeichnen. Zwanzig Jahre später entdeckte der Engländer Joseph Fry, wie man Kakaobutter, Kakaomasse und Zucker vermengen und daraus Eßschokolade produzieren konnte. 1875 fügte der Schweizer Daniel Peter zur Schokolade noch Kondensmilch hinzu und brachte die erste Tafel Milchschokolade auf den Markt.

Ein paar Jahre später erfand Rodolphe Lindt ein Verfahren zur Verfeinerung von Schokolade. Solange man sie nur verwendete, um Getränke daraus zuzubereiten, spielte es keine große Rolle, wenn sie Klümpchen oder feste Teilchen enthielt, da diese sich in der Flüssigkeit auflösten oder absetzten. Bei fester Schokolade war das jedoch sehr störend. Lindts Verfahren, *Conchieren* genannt, bestand darin, die Schokolade 72 Stunden in beheizten Trommeln zwischen Walzen zu zerreiben, wobei sie ständig bewegt wurde und mit Luft in Berührung kam. Durch diesen Vorgang erhält die Schokolade ihren zarten Schmelz, der es erlaubt, sie in Formen zu gießen.

Seit dieser Zeit hat die technische Entwicklung auf dem Gebiet der Schokoladenherstellung rasch große Fortschritte gemacht. Schokolade, ein Luxus, den sich früher nur die Reichen leisten konnten, ist heute für uns eine angenehme Selbstverständlichkeit.

Rowntree's
"Emperor"
Chocolates
EMPEROR ASSORTED

Von der Kakaobohne bis zur Tafel Schokolade

Die Kakaobohne, aus der sowohl Kakaopulver als auch Schokolade hergestellt wird, reift in den gurkenförmigen Schoten des Kakaobaumes, *Theobroma cacao*, heran, der im Urwald des Amazonas wohl schon seit mehr als 4000 Jahren heimisch ist. Da der Baum nur bei tropischem Klima gut gedeiht, findet man ihn ausschließlich in Westafrika, Mittelamerika, dem nördlichen und mittleren Südamerika, in der Karibik und einigen Gebieten Asiens zwischen den Wendekreisen des Krebses und des Steinbocks.

Der Kakaobaum ist sehr empfindlich, daher werden die jungen Pflänzchen in Schonungen gehegt und erst nach ein paar Monaten in Plantagen umgesetzt. Sie brauchen Schutz vor Wind und allzu intensiven Sonnenstrahlen, und so pflanzt man in der Nähe oft Bananenstauden, Kokospalmen oder Zitronenbäume an.

Mit vier bis fünf Jahren hat der immergrüne Baum dunkelglänzende Blätter und trägt die ersten reifen Früchte, die mit kurzen Stielen direkt am Stamm und an den dickeren Ästen wachsen. In Größe und Wuchs könnt man ihn in etwa mit unserem Apfelbaum vergleichen. Die gurkenförmigen Fruchtschoten sind ungefähr 7,5–10 cm dick und 15–25 cm lang. Zuerst sind sie grün oder rötlich, mit zunehmender Reife werden die Schalen hart und bekommen eine goldgelbe oder hellrote Färbung. Die Schoten enthalten, in weißlichem Fruchtfleisch eingebettet, 20–50 mandelförmige Samen, die kostbaren Kakaobohnen.

Auf fast allen Plantagen kann man zweimal im Jahr ernten, wobei eine Erntesaison jeweils drei Monate dauert. Die Früchte werden mit langen Stahlmessern oder Macheten vom Baum getrennt und in Körben gesammelt. Anschliessend werden sie gespalten, Fruchtmus und Kerne werden entfernt. Die Bohnen, die zuerst weißlich gelb sind, färben sich an der Luft purpurrot. Fruchtmus und Samen werden nun zu Haufen aufgeschichtet oder in Kisten oder Körbe gefüllt und mit Blättern abgedeckt, damit die Fermentation beginnen kann. Bei diesem Gärungsprozeß entstehen aus dem Fruchtmus Alkohol und andere Nebenprodukte, die Temperatur steigt, zerstört die Keimfähigkeit der Bohnen und setzt eine ganze Kette chemischer Reaktionen in Gang, die den bitter-herben Geschmack mildern und das typische Schokoladenaroma entstehen lassen. Nach der Fermentation, die zwei bis sechs Tage dauern kann, haben sich die Samen von dem Fruchtfleisch gelöst und braune Farbe angenommen. Sie sind immer noch feucht und müssen zum Trocknen in der Sonne ausgebreitet oder mit Heißluft behandelt werden, damit sie nicht verderben. In diesem Stadium werden die Bohnen auf Schimmel und Insektenbefall untersucht und ausgelesen. Durch die Sonnenbestrahlung werden Färbung und Aroma noch einmal verstärkt.

Von der Kakaobohne zur Tafel Schokolade

Nach dem Trocknen werden die Bohnen in Säcke abgepackt und an die verarbeitenden Betriebe in aller Welt geschickt.

Bei der Ankunft in der Fabrik werden die Bohnen gereinigt, sortiert und anschließend ähnlich wie Kaffee geröstet. Während des Röstvorganges erhalten die Bohnen einen noch dunkleren Braunton, die Schale wird spröde, und das volle Schokoladenaroma entfaltet sich. Die gerösteten Bohnen werden dann in einer Maschine gebrochen, mit einem Gebläse werden die Schalen entfernt, und man erhält den sogenannten *Kakaokernbruch.*

Der Kakaokernbruch wird nun zwischen geheizten Walzen zermahlen, dabei entsteht eine dicke, dunkle Masse, die beim Abkühlen härtet, die *Kakaomasse.* Die Kakaomasse ist das Ausgangsprodukt für alle Schokoladen- und Kakaoerzeugnisse.

Zur Gewinnung von Kakaopulver kommt die Kakaomasse in eine Presse, in der ihr ein Teil der Kakaobutter, des in der Bohne enthaltenen Fettes, entzogen wird. Man erhält den *Preßkuchen*, der nach Brechen, Mahlen und Sieben das Kakaopulver ergibt. Es kommt dann entweder so wie es ist in den Handel, oder man mischt es mit den verschiedensten Zutaten wie Zucker, Stärke und Milch, um Trinkschokolade oder Kakaomixgetränke daraus herzustellen.

Während man der Kakaomasse die Kakaobutter entzieht, um Kakaopulver daraus zu gewinnen, setzt man ihr zur Herstellung von Schokolade Kakaobutter zu. Kommt noch Zucker hinzu, erhält man *Bitterschokolade*, fügt man Zucker und Milch zu der Mischung, entsteht *Milchschokolade. Weiße Schokolade* wird aus reiner Kakaobutter mit Milch und Zucker hergestellt.

Das Mischen der verschiedenen Zutaten erfolgt im *Melangeur*. Die noch grobkörnige Masse wird zwischen Walzen nach und nach fein zerrieben (geschliffen). Nach dieser Behandlung ist die Schokoladenmasse glatt, ihren zarten Schmelz erhält sie jedoch erst durch ein Verfahren, das man als *Conchieren* bezeichnet. Dazu wird die Schokoladenmasse in geheizten Behältern, den *Conchen* (von span.: *concha* = Muschel), bewegt und geknetet. Nach dieser Behandlung wird die flüssige Masse einem Temperierprozeß unterzogen und dann in Formen gegossen. Die gefüllten Formen werden gekühlt, die Schokolade wird herausgelöst, verpackt und ausgeliefert. So endet die lange Reise der kleinen Kakaobohne aus den Tropen schließlich über den Handel bei den Schokolade-Genießern.

S. 8 OBEN *Theobroma cacao, der Kakaobaum*
S. 8 UNTEN *Ernte der Kakaoschoten*
OBEN *Das Trocknen der Kakaobohnen*
LINKS *Produkte aus der Frühzeit der Schokoladen-Herstellung*

Schokoladensorten

Bitterschokolade

Bitterschokolade (auch Edelbitterschokolade) muß mindestens 60% Kakaoanteile haben: sie hat einen besonders starken Kakaogeschmack und verringerten Zuckergehalt.

Schokoladenkuvertüre

(COUVERTURE CHOCOLATE)

Schokoladenkuvertüre (auch Kuvertüre oder Schokoladenüberzugsmasse genannt) enthält einen hohen Anteil an Kakaobutter, der sie sehr geschmeidig und glänzend macht. Da sie wenig Textur hat, muß sie vor Gebrauch »temperiert« werden (vergl. S. 12). Im allgemeinen wird Kuvertüre nur von »Profis« benutzt. Sie ist jedoch unübertroffen für das Überziehen und Ausformen und lohnt den Einsatz, wenn Sie viel mit Schokolade zu tun haben.

Milchschokolade

Milchschokolade hat eine mildere Geschmacksnote verglichen mit der Halbbitterschokolade, denn ein Teil des Kakaos ist durch Milchbestandteile ersetzt worden. Am besten verwendet man diese Schokolade jedoch nur in Rezepten, in denen ausdrücklich der Einsatz von Milchschokolade vorgesehen ist.

Kakaoglasur

(FRÜHER: FETTHALTIGE KAKAOGLASUR)

Kakaoglasur sollte nicht mit Schokolade oder Milchschokolade verwechselt werden, denn bei ihr ist die Kakaobutter durch Kokao, Palmkernöl oder ein anderes Pflanzenfett ersetzt. Sie ist erheblich billiger als Halbbitterschokolade und — da leicht schmelzbar — auch einfach in der Verwendung. Sie ist gut geeignet für dekorative Schokoladenrezepte, ferner zum Abdecken oder Überziehen von Kuchen, da sie eine gleichmäßige Oberfläche garantiert. Der einzige Nachteil ist, daß der Geschmack nicht so kräftig ist wie bei Halbbitterschokolade.

Halbbitterschokolade

Halbbitterschokolade hat ein kräftiges Aroma und ist hervorragend für Backwaren, Desserts und andere Süßspeisen geeignet. Halbbitterschokolade wird aus Kakaomasse, Kakaobutter, Zucker und Aromastoffen hergestellt.

Gezuckertes Kakaopulver

(TRINKSCHOKOLADE)

Gezuckertes Kakaopulver ist Kakaopulver mit einem hohen Zuckeranteil, wodurch es sehr mild und süß schmeckt. Neben der Zubereitung von Getränken kann man es auch zum Überziehen von Süßigkeiten, wie z.B. Trüffeln verwenden.

Schokoladensorten

1 Cadbury's Bourneville — Einfache Bitterschokolade
2 Suchard Halbbittere Schokolade (Schweiz)
3 Backschokolade
4 Lindt Milchschokolade
5 Menier Koch-Milchschokolade
6 Kakaopulver
7 Weiße Schokolade
8 Menier Einfache Kochschokolade
9 Cadbury's Milchschokolade

Weisse Schokolade

Sie wird hergestellt aus Milch, Zucker und Kakaobutter und gehört seit 1975 zu den »echten« Schokoladen. Im allgemeinen wird sie nicht zum Kochen oder Backen verwendet, wenn Sie dennoch damit experimentieren möchten, sollten Sie beim Schmelzen ganz behutsam zu Werke gehen, da weiße Schokolade rasch fest und klumpig wird.

Kakaopulver

Zur Herstellung von Kakaopulver wird der Kakaomasse Kakaobutter entzogen und der entstehende Preßkuchen anschließend zu Pulver vermahlen. Holländischer Kakao ist dunkler und durch die Behandlung mit Alkalien milder als andere Sorten. Man kann gesiebtes Kakaopulver mit anderen trockenen Zutaten wie Mehl oder Puderzucker vermischen, bevor man es untermengt. Bei manchen Rezepten empfiehlt es sich jedoch, aus Kakao und heißem Wasser eine Paste anzurühren und so die Stärke noch vor dem Kochen aufzulösen.

Vom Umgang mit Schokolade

Speisen, deren Hauptbestandteil Schokolade ist, sehen im allgemeinen sehr lecker aus, vor allem wenn man auch bei den übrigen Zutaten auf Qualität achtet. Wenn Sie Enttäuschungen vermeiden wollen, denken Sie immer daran, daß Schokolade sehr behutsam und liebevoll behandelt werden will.

Das Schmelzen von Schokolade

Es gibt viele verschiedene Möglichkeiten, Schokolade zu schmelzen; bei allen müssen Sie bestimmte Regeln berücksichtigen, wenn Sie nicht am Ende mit einem festen Klumpen statt geschmeidiger Creme dastehen wollen. Achten Sie darauf, daß alles, was mit der Schokolade in Berührung kommt, vollständig trocken ist, da schon das kleinste Wassertröpfchen die Masse dick und steif werden läßt. Deshalb sollten Sie zum Schmelzen auch immer nur ein offenes Gefäß verwenden. Wenn trotzdem einmal etwas schiefgegangen ist und die Schokolade fest wird, versuchen Sie am besten, unter kräftigem Rühren ein wenig Pflanzenöl unterzuziehen. Butter oder Margarine eignen sich allerdings nicht für eine solche Rettungsaktion, da sie Wasser enthalten. Eine zweite Regel, die Sie unbedingt beherzigen sollten, lautet: Nie den Schmelzprozeß beschleunigen! Man braucht schon etwas Geduld, und natürlich ist die Versuchung groß, den Herd ein bißchen heißer zu stellen, damit es schneller geht, aber gerade das geht auf Kosten des Aromas und der Konsistenz der Schokolade. Am besten reibt oder hackt man Schokolade vor dem Schmelzen.

Im Kochtopf

Diese Methode empfiehlt sich nur, wenn Schokolade zusammen mit anderen Zutaten wie Butter, Zucker, Milch u.ä. verarbeitet wird, z.B. bei der Zubereitung von Süßspeisen oder Saucen. Die Mischung sollte auf kleiner Flamme erwärmt und dabei ständig umgerührt werden. Sobald alle Zutaten geschmolzen sind, nimmt man den Topf vom Herd, damit die Schokolade nicht überkochen und klumpig werden kann.

Im Wasserbad

Dies ist sicher die beste und einfachste Methode, Schokolade zu schmelzen. Wenn Sie kein spezielles Wasserbadgerät, ein sogenanntes Bain-marie, besitzen, können Sie sich auch mit einer hitzebeständigen Schüssel und einem Kochtopf behelfen. Stellen Sie die Schüssel in den wassergefüllten Topf. Achten Sie dabei darauf, daß die Gefäße gut ineinander passen, Wasser oder Dampf dürfen nicht mit der Schokolade in Berührung kommen, deshalb soll auch das Wasser im Topf nicht bis an den Rand der Schüssel reichen. Sobald das Wasser kocht, stellen Sie die Schüssel mit der Schokolade in den Topf. Nun können sie den Herd schon abstellen und müssen nur noch warten, bis die Schokolade flüssig wird.

Im Backofen

Man kann Schokolade auch bei ganz geringer Hitze (Elektroherd 110°C, Gasherd Stufe 1/4) im Backofen schmelzen. Dieses Verfahren bietet sich vor allem dann an, wenn Sie vorher etwas anderes im Ofen hatten und nun die Resthitze nutzen können. Kurz bevor die Schokolade vollständig geschmolzen ist, sollte man sie aus dem Herd nehmen und so lange rühren, bis sie ganz glatt ist.

Im Mikrowellenherd

Vor allem kleine Mengen Schokolade lassen sich gut und schnell im Mikrowellenherd schmelzen. Brechen Sie die Schokolade in kleine Stückchen und stellen Sie sie in einer unbedeckten Glasschüssel in den Herd. Angaben zu Dauer und Einstellung entnehmen Sie bitte der Gebrauchsanweisung, da die Geräte sehr unterschiedlich sind.

Im Schnitt brauchen 75 g Schokolade 1 – 1½ Minuten. Es ist wichtig, daß die Schokolade umgerührt wird, kurz bevor sie ganz geschmolzen ist. So können Sie prüfen, ob sie schon cremig ist und ein eventuelles Überkochen verhindern.

Das Temperieren von Kuvertüre

Im allgemeinen wird Kuvertüre nur von Bäckern und Konditoren verwendet und ist im Handel nicht ohne weiteres zu bekommen. Wenn Sie jedoch häufig mit Schokolade verwenden, lohnt es, sich danach umzuschauen. Da Kuvertüre einen sehr hohen Kakaobutteranteil hat, fließt sie gut und eignet sich deswegen hervorragend zum Überziehen von Gebäck und Pralinen, zum Tauchen und Figuren gießen. Kuvertüre muß vor dem Gebrauch temperiert werden. Man benötigt dazu ein Thermometer. Die Schokolade wird zerkleinert und im Wasserbad geschmolzen, dann unter ständigem Rühren auf 38 – 46°C erhitzt, anschließend abgekühlt. Dazu nehmen Sie die Schüssel aus dem Wasserbad und stellen sie in kaltes Wasser, bis die Masse eine Temperatur von 27 – 28°C erreicht hat. (Umrühren nicht vergessen!) Danach kommt die Schüssel erneut ins Wasserbad, und die Kuvertüre wird unter ständigem Rühren auf maximal(!) 31 – 32°C erhitzt. Achten Sie darauf, daß diese Endtemperatur nicht

Vom Umgang mit Schokolade

überschritten wird. Nun ist die Kuvertüre gebrauchsfertig. Eventuelle Reste können später ohne weiteres — ohne Temperieren — wieder aufgewärmt werden.

Schokoladenüberzug

Kleine Leckereien wie Marzipan, Karamel, Toffee und kandierte oder frische Früchte werden durch einen Schokoladenüberzug noch verlockender. Man verwendet dazu temperierte Kuvertüre oder Halbbitterschokolade, die man im Bain-marie zergehen läßt. Die beste Temperatur zum Tauchen liegt bei 36–43°C, 49°C sollten nie überschritten werden. Füllen Sie die Schokolade in ein Gefäß, das so tief ist, daß man das Konfekt ganz eintauchen kann. Man benutzt dazu entweder eine spezielle Tauchgabel, eine Fonduegabel oder einen dünnen Fleischspieß. Wenden Sie das Konfektstück in der Schokolade, und lassen Sie es dann abtropfen, indem Sie die Gabel ein paarmal kurz am Schüsselrand anschlagen. Legen Sie das fertige Konfekt auf ein mit Pergament- oder Backpapier ausgelegtes Tablett oder Kuchenblech; bevor die Schokolade ganz fest ist, kann man es noch mit der Tauchgabel verzieren.

Das Gießen von Schokoladenfiguren

Gießformen für Ostereier, Häschen, Mäuschen, Kästchen usw. gibt es aus Metall und Plastik zu kaufen. Plastikformen sind preiswerter und einfacher in der Handhabung, da man sehen kann, wann sich die Schokolade von den Wänden löst. Die Form muß ganz sauber sein, damit die Schokolade nicht anhängen kann und eine glänzende Oberfläche bekommt. Man wäscht die Form gut aus, trocknet sie sorgfältig ab und poliert sie dann mit einem weichen Lappen, einem Geschirrtuch oder einem Wattebausch.

Zum Gießen eignet sich am besten eine Milchschokolade von guter Qualität. Die Schokolade wird im Wasserbad geschmolzen. Die benötigte Menge hängt von der Größe der Form ab. Bei kleinen Formen reicht oft schon eine einzige Schokoladenschicht, bei größeren können bis zu vier Schichten erforderlich sein. Wenn Sie die geschmolzene Schokolade in die Form gegossen haben, schwenken und drehen Sie diese so lange bis sie von einer gleichmäßigen Schicht überzogen ist und schütten den Rest ab. Anschließend legt man die Form herumgedreht auf ein mit Pergament- oder Backpapier ausgelegtes Tablett. Kühl stellen (nicht im Kühlschrank!), bis die Schokolade sich gerade fest anfühlt. Wiederholen Sie das Verfahren bei den folgenden Schichten, und lassen Sie die Schokolade dann ganz aushärten. Sie ist fertig, wenn sie sich von der Wand der Form etwas gelöst hat. Nun kratzen Sie vorsichtig die Schokolade ab, die über den Rand der Gießform geflossen ist, und ziehen oder schütteln die Figur ganz behutsam aus der Form. Achten Sie darauf, daß Sie keine unschönen Fingerabdrücke auf der glatten Oberfläche hinterlassen, wenn Sie die Figuren auf Pergament- oder Backpapier ablegen. Will man zwei Figurenhälften zusammenkleben (z.B. bei Ostereiern), bepinselt man die Ränder mit geschmolzener Schokolade und preßt die Teile gegeneinander. Mit Zuckerguß oder geschmolzener Schokolade kann man dann noch die Übergänge verzieren.

Die Aufbewahrung von Schokolade

Schokolade sollte immer kühl und trocken gelagert werden. Entgegen einer weitverbreiteten Meinung ist der Kühlschrank jedoch — außer während Hitzeperioden — nicht der geeignete Ort dafür, weil Schokolade sehr leicht Fremdgerüche annimmt und bei Feuchtigkeit beschlägt. Verpacken Sie Ihre Schokolade also gut in Alufolie und einer Plastiktüte, wenn Sie sie im Kühlschrank aufbewahren wollen. Vor dem Genuß sollte sie dann eine Weile bei Zimmertemperatur ruhen, bevor man sie auspackt, damit die Feuchtigkeit nicht auf der Oberfläche kondensiert.

Wenn Schokolade sehr warm gelagert wird, schmilzt die Kakaobutter und setzt sich als *Fettreif* an der Oberfläche ab; wird Schokolade feucht, lösen sich Zuckerkörnchen, und an der Oberfläche zeigt sich ein weißgrauer Belag, der *Zuckerreif*. Dieser Belag ist nichts weiter als ein Schönheitsfehler und beeinflußt in keiner Weise den Geschmack. Er verschwindet übrigens beim Erwärmen, die falsch gelagerte Schokolade eignet sich also auf jeden gut zum Kochen. Wenn Sie Schokolade bei warmen Wetter länger aufbewahren wollen, frieren Sie sie am besten ein. Dazu muß sie gut verpackt sein. Nehmen Sie die Schokolade am Abend bevor sie benötigt wird aus dem Gefrierfach, sie soll vor dem Auspacken vollständig aufgetaut sein. Besonders gut läßt sich Schokoladendekoration einfrieren. Sie braucht nur ein paar Stunden zum Auftauen, und man hat immer eine hübsche Verzierung für Kuchen und Desserts zur Hand.

Richtig gelagert kann sich einfache Schokolade ein Jahr, Milchschokolade etwa sechs Monate halten.

Schokoladen-abtropfgitter
Gießformen (Ostereier)
Konfektkapseln
Bain-marie/ Wasserbadgerät
Gießformen (Herzen)
Gebäckkapseln
Dekorative Schachteln
Stanniolgießformen für Cremehörnchen
Aussteckformen

Gießformen (Katzenzungen)
Fleischspieße
Kartoffelschäler
Tauch- oder Überziehgabeln
Spritztüllen
Dekorative Schachteln
Marmorplatte
Gießformen
Reibe

Allerlei nützliches Handwerkszeug

Reibe

Zum Reiben oder Raspeln von Schokolade. Am besten eignet sich eine kasten- oder kegelförmige Küchenreibe mit unterschiedlichen Reibflächen.

Kartoffelschäler

Zur Herstellung von Schokoladenlocken. Am praktischsten ist ein Kartoffelschäler mit fester Klinge.

Fleischspiesse oder Cocktailspiesschen (Zahnstocher)

Nützlich beim Tauchen von Konfekt und beim Anbringen zarter Verzierungen.

Tauch- oder Überziehgabeln

Erhältlich in verschiedenen Formen, mit zwei, drei oder vier Zinken, als Ösen oder Spiralen, meist etwa 20 cm lang, mit Holzgriff. Man benutzt sie zum Tauchen und Verzieren von Konfekt und Gebäck.

Bain-Marie

Das Wasserbadgerät sollte aus rostfreiem oder emailliertem Stahl sein. Es besteht aus zwei ineinander gepaßten Töpfen. Der untere wird mit heißem Wasser gefüllt, der obere dient zum Schmelzen der Schokolade.

Zuckerthermometer

Unerläßliches Hilfsmittel beim Temperieren von Kuvertüre und bei der Zubereitung mancher Süßigkeiten. Es besteht aus Messing und sollte Temperaturen bis zu 210°C anzeigen.

Ausstechformen

In den verschiedensten Formen und Größen aus Stahl oder Plastik erhältlich. Sie eignen sich hervorragend zur Herstellung von Schokoladenverzierungen.

Giessformen

Auch hier gibt es die unterschiedlichsten Arten, z.B. Hohlformen aus Blech, die aus zwei Hälften bestehen, die zusammengeklappt werden, wenn man sie füllt, und einfache Formen, die aus nur einer Hälfte bestehen. Die entstehenden Figuren sind hohl. Gießformen können aus rostfreiem Stahl oder Plastik hergestellt sein.

Schokoladenabtropfgitter

ähnlich wie Kuchengitter, jedoch engmaschiger.

Marmorplatte

Nicht unbedingt erforderlich, aber sehr nützlich, da sie alles schön kühl hält.

Spritzbeutel und Tüllen

Zum Spritzen von Schokolade eignen sich mittelgroße oder kleine Spritzbeutel am besten. Für geringe Mengen fertigt man am praktischsten selbst eine Tüte aus Pergamentpapier an. Tüllen mit einfacher runder oder abgeflachter Öffnung und Sterntüllen gehören zur Standardausrüstung.

Pergament- und Backpapier

Backpapier oder zum Backen geeignetes Pergamentpapier ist mit Silikon behandelt und ist sehr praktisch zum Auslegen von Töpfen und Backblechen bei der Arbeit mit Schokolade. Beide Sorten benötigt man unbedingt beim Anfertigen von Schokoladenornamenten.

Konfekt- und Gebäckkapseln

Erhältlich in unterschiedlichen Größen und Qualitäten. Wenn Sie Schokoladenförmchen gießen wollen, sollten die Kapseln aus Alufolie oder sehr festem Papier sein.

Tortengarnierer

besteht aus Plastik oder Metall und ist nützlich, um Muster aus Schokolade herauszuarbeiten, z.B. bei Florentinern.

Dekoration aus Schokolade

Schokoladenraspel

Schokolade kühlen und auf der Handreibe raspeln. Ob Sie die feinere oder gröbere Reibfläche wählen, hängt davon ab, was Sie damit dekorieren wollen. Damit die Reibe nicht verklebt, sollte sie zwischendurch immer mal gereinigt werden.

Schokoladenlocken

Verwenden Sie Schokolade in Zimmertemperatur (wenn die Schokolade zu kalt ist, brechen die Löckchen, ist sie zu warm, entstehen erst gar keine Locken). Am besten nehmen Sie eine ganz dicke Tafel Schokolade, halten sie über einen Teller und heben mit einem Kartoffelschäler feine Streifen davon ab. Die entstehenden Löckchen fallen auf den Teller und werden dann mit einem Zahnstocher vorsichtig aufgenommen.

Schokoladenspäne

Back- oder einfache Schokolade schmelzen und zu einer 3 mm dicken Schicht auf einer kühlen Arbeitsplatte ausstreichen. Abkühlen lassen, bis die Masse stockt, aber noch nicht fest ist, dann ein langes stabiles Messer im Winkel von 45° auf die Schokolade setzen und lange Späne herausschaben.

Schokoladentütchen

Wie für die Herstellung von Schokospänen wird auch hier die Schokolade auf einer Arbeitsplatte ausgestrichen. Nehmen Sie ein spitzes Messer mit langer Klinge, und setzen Sie es auf der Schokoladenoberfläche auf. Die Messerspitze muß fest auf einem Punkt bleiben, wenn Sie jetzt mit einer Drehbewegung einen feinen Span abheben, der sich zu einem Tütchen zusammenrollt.

Dekoration aus Schokolade

Gehackte Schokolade

Schokolade in Zimemrtemperatur in kleine Stückchen brechen und mit einem scharfen Messer so fein hacken wie erforderlich. Auch in der Küchenmaschine kann man Schokolade gut zerkleinern.

Schokoladenförmchen

Wenn Sie Konfektkapseln aus Papier benutzen, brauchen Sie zwei Lagen, bei Förmchen aus Alufolie genügt eine. Schmelzen Sie die Schokolade, und pinseln Sie die Konfektkapseln damit aus. Wiederholen Sie das Verfahren, bis die Schicht dick genug ist. Lassen Sie die Kapseln auf Pergamentpapier auskühlen. Wenn die Schokolade ganz fest ist, wird die Papier- bzw. Alukapsel entfernt und das Schokoladenförmchen mit der gewünschten Füllung versehen.

Schokoladenquadrate und -Dreiecke

Einfache oder Backschokolade schmelzen und gleichmäßig auf Pergamentpapier streichen. Wenn sie fest ist, werden mit dem Lineal Quadrate oder Rechtecke markiert und mit einem scharfen Messer zurecht geschnitten. Mit einem Diagonalschnitt zerteilt man die Quadrate und Rechtecke in Dreiecke.

Schokoladenornamente

Back- oder einfache Eßschokolade schmelzen und auf Pergamentpapier gleichmäßig ausstreichen. Wenn die Schokolade fest ist, können Sie mit Ausstechformen die unterschiedlichsten Ornamente ausstechen.

Dekoration aus Schokolade

Dekorationen mit dem Spritzbeutel

Zeichnen Sie die gewünschte Form auf Pergamentpapier vor. Füllen Sie die geschmolzene Schokolade in einen Spritzbeutel mit kleiner, einfacher Tülle. Folgen Sie zuerst den Umrissen der Zeichung, das Innere kann anschließend ausgefüllt oder mit einem Gittermuster versehen werden.
Hier ein paar Anregungen:
Stechpalmenblätter: Umrisse auf ein Backpapier spritzen, dann die Mitte ausfüllen.
Einfache Blumenformen.
Filigranfächer: Umrisse festlegen, das Innere mit Gittermuster versehen.
Schmetterlinge: Auf kleine Pergamentquadrate werden Schmetterlingsumrisse gespritzt, das Innere später ausgefüllt. Erstarren lassen. Bevor die Schokolade ganz fest ist, setzt man die Papierstückchen mit dem Schmetterling so in einen umgekehrten Eierkarton, daß sich die Flügel hochbiegen. Kalt stellen, dann vorsichtig das Papier entfernen.

Schokoladenblätter

Verwenden Sie nur frische, ungiftige Blätter mit deutlich hervortretenden Adern, z.B. Rosen, Lorbeer, Efeu, Erdbeere und Minze. Die Blätter werden sorgfältig gewaschen und trockengetupft. Schokolade im Wasserbad schmelzen. Nehmen Sie das Blatt, und ziehen Sie die Unterseite vorsichtig über die Schokolade. Man kann die Schokolade natürlich auch mit einem kleinen Pinsel auf das Blatt auftragen. Wischen Sie die Oberseite der Blätter sauber. Auf Pergament erstarren lassen.
Wenn die Schokolade ganz hart ist, kann das Blatt vom Stiel her ganz vorsichtig abgezogen werden.

Schokoladenhörnchen

Dazu benötigt man Stanniolformen für Cremehörnchen. Achten Sie darauf, daß sie ganz sauber und trocken sind, polieren Sie die Innenseite noch einmal mit Küchenpapier. Füllen Sie ein wenig flüssige Schokolade in die Form, und schwenken Sie diese, bis sie mit einer gleichmäßigen Schicht ausgekleidet ist. Den Vorgang mehrmals wiederholen, bis die Schicht dick genug ist. Erstarren lassen. Wenn die Schokolade hart ist, löst sie sich etwas von der Form und kann mit der Messerspitze vorsichtig entfernt werden.

Schokoladenüberzogene Eistüten werden ähnlich hergestellt. Wenn man das Innere der Eistüten mit Schokolade ausgekleidet hat, kann man sie für zehn Minuten im Gefrierfach fest werden lassen, dann mit Eiscreme füllen und sofort servieren.

Kekse & Plätzchen

Schokoladenplätzchen

ZUTATEN

FÜR ETWA 30 STÜCK
125 g Mehl
25 g ungesüßtes Kakaopulver
1/2 TL Backpulver
125 g Butter oder Margarine
75 g brauner Zucker
50 g Zucker
2 Eier
1/2 Päckchen Vanillinzucker
175 g Schokoladenlocken
75 g gehackte Walnüsse

Elektroherd 190 °C/Gas Stufe 3

ZUBEREITUNG

☞ Mehl, Kakao und Backpulver mischen, in eine Schüssel sieben.
☞ Butter oder Margarine mit beiden Zuckersorten schaumig schlagen.
☞ Eier einzeln unterziehen. Vanillinzucker zufügen.
☞ Trockene Zutaten hinzufügen. Gut vermischen.
☞ Schokolade und Nüsse dazugeben. Untermischen.
☞ Den Teig mit dem Teelöffel (je 1 gehäufter TL) auf das Backblech setzen. Etwa 10 Minuten backen.
☞ Eine Minute abkühlen lassen, dann vom Backblech entfernen und auf dem Kuchengitter auskühlen lassen.

Schwarzweiß-Gebäck

ZUTATEN

FÜR ETWA 40 STÜCK
175 g Butter oder Margarine
175 g Zucker
1 großes Ei, geschlagen
1 Päckchen Vanillinzucker
350 g Mehl
2 1/2 TL Backpulver
3 EL ungesüßtes Kakaopulver
1 kleines Eiweiß, geschlagen
Elektroherd 190°C/Gas Stufe 3

ZUBEREITUNG

☞ Butter oder Margarine mit dem Zucker in eine Schüssel geben. Schaumig schlagen.
☞ Das Ei und den Vanillinzucker unterziehen.
☞ Mehl und Backpulver dazugeben.
☞ Den Teig halbieren und die eine Hälfte mit dem Kakao verkneten. Zwei Kugeln formen, in Frischhaltefolie wickeln und kalt stellen.
☞ Für die Kekse mit Schneckenmuster den hellen und den dunklen Teig getrennt zu gleich großen Rechtecken ausrollen. Den hellen Teig mit Eiweiß bepinseln, die dunkle Teigplatte darauf legen und ebenfalls mit Eiweiß bepinseln.
☞ Vorsichtig aufrollen. In Folie packen und kalt stellen.
☞ In 5 mm dicke Scheiben schneiden. Auf ein Backblech legen und etwa 5 Minuten backen.

ABWANDLUNGEN

☞ Für Kekse mit Schachbrettmuster etwa 1 Viertel des hellen Teigs abteilen.
☞ Den restlichen hellen und dunklen Teig zu je zwei langen dünnen Rollen formen. Mit Eiweiß bepinseln.
☞ Eine helle und eine dunkle Teigrolle nebeneinander legen, die beiden übrigen Teigrollen farblich in umgekehrter Reihenfolge obenauf legen. Leicht andrücken.
☞ Den abgeteilten hellen Teig zu einem großen Rechteck ausrollen. Mit Eiweiß bepinseln und die vier dünnen Rollen darin einschlagen. Kühl stellen, in Scheiben schneiden und backen wie oben.

☞ Für Eulenkekse den hellen Teig zu einem Rechteck ausrollen.
☞ Den dunklen Teig zu einer Rolle formen. Mit Eiweiß bestreichen. In die helle Teigplatte einschlagen.
☞ In Folie wickeln und kalt stellen.
☞ In 5 mm dicke Scheiben schneiden.
☞ Für das Eulengesicht zwei Teigscheiben nebeneinander legen. Den Rand mit Eiweiß bepinseln und leicht aneinander drücken.
☞ Für die Ohren die oberen Ecken etwas herausziehen.
☞ Mandelhälften als Schnabel in der Mitte andrücken. Zwei Schokoladenstückchen für die Augen in den Teig drücken.
☞ Backen wie oben.

Florentiner

ZUTATEN

FÜR 8–10 STÜCK
50 g Butter
50 g Zucker
25 g Mehl, gesiebt
50 g abgezogene Mandeln, blanchiert und gehackt
50 g Orangeat und Zitronat, gehackt
25 g Rosinen, gehackt
25 g Belegkirschen, gewaschen und gehackt
Schale 1/2 ungespritzten Zitrone, fein gerieben
125 g Bitterschokolade

Elektroherd 180°C/Gas Stufe 2

ZUBEREITUNG

☞ Backbleche mit Pergamentpapier auslegen.

☞ Butter und Zucker in einen Topf geben und bei schwacher Hitze schmelzen lassen.

☞ Topf vom Herd nehmen und das Mehl unterrühren.

☞ Mandeln, Orangeat und Zitronat, Rosinen, Kirschen und Zitronenschale hinzufügen. Kräftig rühren.

☞ Mit zwei Teelöffeln kleine Häufchen auf die vorbereiteten Backbleche setzen und rund auseinander streichen.

☞ Etwa 10 Minuten oder bis sie goldbraun sind, backen.

☞ Den Rand der Florentiner in Form drücken, solange sie noch warm sind. Auf dem Backblech fest werden, dann auf einem Kuchengitter auskühlen lassen.

☞ Schokolade schmelzen. Die glatte Seite der Florentiner damit bestreichen. Wenn die Schokolade fest wird, mit einer Gabel in Wellenlinien verzieren und fest werden lassen.

Schoko-Karamel-Schnittchen

ZUTATEN

FÜR ETWA 16 STÜCK
125 g Butter oder Margarine
50 g Zucker
175 g Mehl
FÜLLUNG
125 g Butter oder Margarine
75 g Zucker
2 EL Rumessenz
200 g Kondensmilch
GUSS
175 g Bitterschokolade
2 EL Milch

Elektroherd 180°C/Gas Stufe 2

ZUBEREITUNG

☞ Die Butter oder Margarine mit dem Zucker schaumig schlagen.

☞ Mehl unterrühren. Den Teig mit der Hand gut durchkneten.

☞ Teig ausrollen und in eine flache Backform (20 x 20 cm) drücken. Mit einer Gabel gut einstechen.

☞ 20—30 Minuten backen. In der Form abkühlen lassen.

☞ Für die Füllung alle Zutaten in einen Topf geben, bei schwacher Hitze unter ständigem Rühren erwärmen, bis sich der Zucker aufgelöst hat. Aufkochen lassen. Unter ständigem Umrühren 5—7 Minuten kochen, bis die Masse goldgelb ist.

☞ Karamelmasse auf dem Kuchenboden verstreichen und fest werden lassen.

☞ Schokolade mit der Milch schmelzen. Gleichmäßig auf die Karamelschicht streichen. Kalt werden lassen und anschließend aufschneiden.

Spritzgebackenes

ZUTATEN

FÜR ETWA 20 STÜCK
225 g Butter oder Margarine
50 g Puderzucker, gesiebt
225 g Mehl
50 g Trinkschokoladenpulver
25 g Speisestärke
125 g Halbbitter- oder Milchschokolade
etwas Puderzucker

Elektroherd 180°C/Gas Stufe 2

ZUBEREITUNG

☞ Die Butter oder Margarine mit dem Zucker schaumig schlagen.

☞ Mehl, Trinkschokoladenpulver und Speisestärke dazugeben.

☞ Den Teig in einen Spritzbeutel mit großer Sterntülle füllen. Stangen, Muschel- oder S-Figuren auf ein gefettetes Backblech spritzen.

☞ 20–25 Minuten backen. Auf einem Kuchengitter auskühlen lassen.

☞ Schokolade schmelzen. Jeden Keks zur Hälfte in die Schokolade tauchen. Auf Pergamentpapier fest werden lassen.

☞ Die Kekshälften ohne Schokoladenüberzug mit Puderzucker bestäuben.

ABWANDLUNG

☞ Für Schokoladensternchen den Teig in kleinen Sternchen auf das Backblech spritzen. Etwa halbe Backzeit. Mit einem Schoko-Chip in der Mitte verzieren, solange die Kekse noch heiß sind.

Kleingebäck

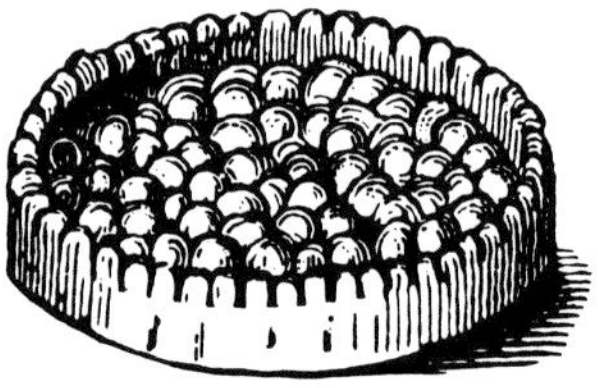

Himbeer-Schokoladen-Eclairs

ZUTATEN

FÜR ETWA 10 STÜCK
50 g Butter oder Margarine, in Stücke geschnitten
150 ml Wasser
65 g Mehl
2 Eier, geschlagen
FÜLLUNG
150 ml Schlagsahne
225 g frische Himbeeren
etwas Zucker
GUSS
175 g Halbbitter- oder Milchschokolade
25 g Butter

Elektroherd 200°C/Gas Stufe 3

ZUBEREITUNG

☞ Die Butter oder Margarine mit dem Wasser in einem Topf zum Kochen bringen.
☞ Vom Herd nehmen. Das ganze Mehl auf einmal in die kochende Flüssigkeit schütten und gleichzeitig kräftig rühren, bis sich der Teig vom Topfrand löst und einen Kloß bildet. Abkühlen lassen.
☞ Die Eier nach und nach darunterrühren. Weiterrühren bis der Teig glänzend wird.
☞ Den Teig in einen Spritzbeutel mit großer einfacher Tülle füllen. Streifen von 7,5 cm auf ein eingefettetes Backblech spritzen.
☞ Etwa 25 Minuten backen, bis die Eclairs goldbraun sind.
☞ An den Seiten mehrmals einschneiden, damit der Dampf entweichen kann. Noch ein paar Minuten im Ofen trocknen lassen. Auf dem Kuchengitter abkühlen lassen.
☞ Für die Füllung die Sahne steif schlagen. Himbeeren unterziehen und nach Belieben süßen.
☞ Die Eclairs auf einer Seite einschneiden und mit der Sahnemischung füllen.
☞ Schokolade und Butter schmelzen. Die Eclairs mit der Oberseite in die Schokolade tauchen. Fest werden lassen.

Schokoladenbaisers

ZUTATEN

FÜR ETWA 6–8 STÜCK
3 Eiweiß
75 g Zucker, sehr fein
75 g Puderzucker, gesiebt
25 g ungesüßtes Kakaopulver, gesiebt
FÜLLUNG
150 ml Schlagsahne
1 EL brauner Zucker
2 TL ungesüßtes Kakaopulver

Elektroherd 110°C/Gas Stufe 1/4

ZUBEREITUNG

☞ Die Eiweiß schlagen, bis die Masse steife, feinporige Spitzen zeigt. Nach und nach den feinen Zucker zugeben.
☞ Den Puderzucker unterziehen
☞ Das Kakaopulver dazugeben.
☞ Die Mischung in einen Spritzbeutel mit großer Sterntülle füllen. Backbleche mit Pergamentpapier auslegen.
☞ Die Baisermasse in Spiralen auf das Blech spritzen.
☞ 2–3 Stunden im Ofen trocknen und auf dem Kuchengitter abkühlen lassen.
☞ Sahne steif schlagen. Zucker und Kakao vorsichtig dazugeben. Je zwei Baisers mit Schokoladencremefüllung versehen.

Schmetterlingsküchlein

ZUTATEN

FÜR ETWA 14–16 STÜCK
125 g Butter oder Margarine
125 g Zucker
2 Eier
1 TL Orangenschale, ungespritzt, gerieben
50 g Zartbitter-Schokolade, fein gerieben
125 g Mehl; 1 TL Backpulver
CREMEFÜLLUNG
75 g Butter oder Margarine
175 g Puderzucker, gesiebt
75 g Zartbitterschokolade, geschmolzen
VERZIERUNG
Puderzucker
Himbeerkonfitüre oder kandierte Kirschen

Elektroherd 180° C/Gas Stufe 2

ZUBEREITUNG

☞ Butter und Zucker in eine Schüssel geben und schaumig schlagen.
☞ Nach und nach die Eier unterziehen. Orangenschale und geriebene Schokolade hinzufügen.
☞ Das Mehl dazugeben.
☞ Gebäckförmchen aus Alufolie oder festem Papier auf dem Backblech verteilen und mit dem Teig füllen.
☞ 15—20 Minuten backen. Abkühlen lassen.
☞ Für die Cremefüllung Butter und Puderzucker vermengen. Nach und nach die abgekühlte, geschmolzene Schokolade unterziehen.
☞ 5 mm vom Rand beginnend Deckel von den Küchlein abschneiden, dabei eine kleine Vertiefung ausheben.
☞ Etwas Creme in die Vertiefung spritzen.
☞ Die Deckel mit Puderzucker bestäuben und halbieren. die Hälften so in die Cremefüllung stecken, daß sie Flügel bilden.
☞ Kleine Cremerosetten auf die Mitte der Küchlein spritzen. Mit einem Tupfer Himbeerkonfitüre oder einer halben kandierten Kirsche verzieren.

Schokoladenküchlein mit Frischkäse

ZUTATEN

FÜR ETWA 20–24 STÜCK
75 g Bitter- oder Milchschokolade
1/2 Tasse/75 g Frischkäse
50 g Butter oder Margarine
1 1/2 EL Orangenessenz
1/2 Päckchen Vanillinzucker
375 g Puderzucker, gesiebt
3 EL Milch
200 g Mehl
1/2 TL Backpulver
25 g weiche Butter oder Margarine
2 Eier
3 EL Milch
DEKORATION
Schokoladentröpfchen

Elektroherd 180°C/Gas Stufe 2

ZUBEREITUNG

☞ Schokolade schmelzen, etwas abkühlen lassen.

☞ Den Frischkäse, die Butter oder Margarine mit der Orangenessenz und dem Vanillinzucker vermischen.

☞ Abwechselnd Puderzucker und Milch dazugeben. Die geschmolzene Schokolade unterrühren.

☞ 225 g von dieser Schokoladenmischung abteilen. Zudecken und für die Creme aufbewahren.

☞ Mehl und Backpulver in eine Schüssel sieben.

☞ Die weiche Butter unter die Schokoladenmischung ziehen.

☞ Die Eier unterziehen.

☞ Abwechselnd Milch und Mehl dazugeben.

☞ Gebäckkapseln auf ein Backblech setzen und zu 2/3 mit dem Teig füllen.

☞ Etwa 20 Minuten backen. Abkühlen lassen.

SERVIERVORSCHLAG

Schokoladenküchlein mit der zurückbehaltenen Schokoladenmischung bestreichen und nach Wunsch mit einem Schokoladentröpfchen verzieren.

Schokoladenkästchen

ZUTATEN

FÜR 9 STÜCK
1 Ei
25 g Zucker
25 g Mehl
FÜLLUNG
150 ml Wasser
50 g Orangenkonfitüre
225 g Quark oder Schichtkäse
300 ml Schlagsahne
2 EL Aprikosenkonfitüre, durchs Sieb gestrichen
DEKORATION
Schokoladenrechtecke 36 x 10 cm (s.S. 18)
Schlagsahne
9 Mandarinenstückchen
geviertelte Walnüsse

Elektroherd 200°C/Gas Stufe 3

ZUBEREITUNG

☞ Das Ei mit dem Zucker so lange schlagen, bis eine dicke Creme entsteht.
☞ Das Mehl unterheben. In eine flache rechteckige Form (18 x 18 cm) füllen, die man zuvor gefettet und mit Pergamentpapier ausgelegt hat.
☞ 10–12 Minuten backen. Aus dem Backofen nehmen und abkühlen lassen.
☞ Das Wasser erhitzen. Die Orangenkonfitüre unter ständigem Rühren darin auflösen. Abkühlen lassen, bis die Mischung sirupartig wird.
☞ Den Käse schlagen. Nach und nach die Orangenkonfitüre dazugeben.
☞ Die Sahne schlagen und zu der Käse-Konfitürenmischung geben. In eine eckige, mit Pergamentpapier ausgelegte Form (18 x 18 cm) füllen. Kalt stellen, bis die Masse fest wird.
☞ Den Kuchen mit Aprikosenkonfitüre bestreichen. Die Käsemasse auf den Kuchen stürzen. Die Ränder begradigen.
☞ Den Kuchen in neun Quadrate zerteilen. An allen vier Seiten ein Schokoladenrechteck andrücken.

SERVIERVORSCHLAG

Mit dem Spritzbeutel mit Schlagsahne verzieren. Mit Mandarinenschnittchen und Walnüssen dekorieren.

ABWANDLUNGEN

☞ Statt der Orangenkonfitüre Kirschgelee oder Kirschkonfitüre verwenden und mit frischen oder eingemachten Kirschen dekorieren.
☞ Erdbeer/Himbeergelee, Erdbeer/Himbeerkonfitüre verwenden und mit frischen Erdbeeren oder Himbeeren dekorieren.
☞ Zitronengelee verwenden und mit frischen oder eingemachten Ananasstückchen verzieren.
☞ Limonengelee oder -konfitüre verwenden und mit Kiwischeiben dekorieren.

Jaffa Cakes

ZUTATEN

FÜR 18 STÜCK

2 Eier

50 g Zucker

65 g Mehl, gesiebt

1/2 TL Backpulver

4 EL Orangenkonfitüre, durchs Sieb gestrichen

125 g Edelbitter- oder Vollmilchschokolade

Schale 1/4 ungespritzten Orange, fein gerieben

2 TL Maiskeimöl

1 EL Wasser

Elektroherd 200°C/Gas Stufe 3

ZUBEREITUNG

☞ Eier und Zucker in eine Schüssel geben. Mit dem Handrührgerät cremig schlagen. Bei Verwendung eines Schneebesens, Schüssel ins Wasserbad stellen.

☞ Mehl und Backpulver unterheben.

☞ Den Teig auf 18 gut ausgefettete runde Förmchen verteilen. Etwa 10 Minuten backen, bis der Teig goldbraun ist.

☞ Aus dem Ofen nehmen und auf einem Kuchengitter auskühlen lassen.

☞ Etwas Konfitüre auf jedes Küchlein geben.

☞ Schokolade, Orangenschale, Maiskeimöl und Wasser in eine Schüssel geben und im Wasserbad erhitzen. Gut umrühren, bis die Schokolade geschmolzen ist. Abkühlen lassen, bis die Schokolade anfängt anzudicken, dann über der Konfitürenschicht auf den Küchlein verteilen. Fest werden lassen.

Walnuß-Schokoladenschnittchen

ZUTATEN

FÜR ETWA 20 STÜCK
225 g brauner Zucker
50 g ungesüßtes Kakaopulver, gesiebt
75 g Mehl, 1/2 TL Backpulver
2 Eier
2 El Milch
125 g Butter, geschmolzen
50 g Walnüsse, fein gehackt
50 g Rosinen, gehackt
GUSS
125 g Halbbitterschokolade
1 EL schwarzer Kaffee
VERZIERUNG
Walnußhälften

Elektroherd 18O°C/Gas Stufe 2

ZUBEREITUNG

☞ Zucker, Kakaopulver, Mehl und Backpulver mischen.
☞ Eier und Milch verquirlen. Mehlmischung, Butter, Walnüsse und Rosinen dazugeben.
☞ Den Teig in eine mit Pergamentpapier ausgelegte und gut eingefettete Form (18 x 28 x 8 cm) geben.
☞ Etwa 30 Minuten backen. Abkühlen lassen.
☞ Die Schokolade mit dem Kaffeepulver schmelzen. Über den Kuchen verteilen.

SERVIERVORSCHLAG

Mit Walnußhälften verzieren. Wenn der Guß ganz fest ist, in Schnittchen zerteilen.

Kuchen & Torten

Marmorkuchen mit Sauerrahm

ZUTATEN

175 g Bitterschokolade
225 g Butter
225 g Zucker
4 Eier
350 g Mehl
2 1/2 TL Backpulver
150 ml Sauerrahm
1 Päckchen Vanillinzucker
Puderzucker

Elektroherd 180°C/Gas Stufe 2

ZUBEREITUNG

☞ Schokolade schmelzen und etwas abkühlen lassen.
☞ Butter und Zucker schaumig schlagen.
☞ Die Eier einzeln unterziehen. Vanillinzucker hinzufügen.
☞ Mehl und Backpulver dazugeben.
☞ Den Teig halbieren. Zu der einen Hälfte den Sauerrahm zugeben, zu der zweiten Hälfte die geschmolzene Schokolade.
☞ Den Teig in eine ausgefettete und gut mit Zucker bestreute Gugelhupf- oder Kranzform schichten.
☞ Für das Marmormuster eine Gabel spiralenförmig durch beide Teigschichten ziehen.
☞ Etwa eine Stunde backen.

SERVIERVORSCHLAG

Mit Puderzucker bestäuben.

Schokoladenkuchen

ZUTATEN

75 g Edelbitterschokolade
50 g Honig
125 g Butter oder Margarine
75 g Zucker
2 Eier
150 g Mehl
25 g ungesüßtes Kakaopulver
1 1/2 gestrichene TL Backpulver
knapp 150 ml Milch

GUSS

50 g Edelbitterschokolade
45 ml Weinbrand oder Nußlikör
25 g Butter
200 g Puderzucker, gesiebt

Elektroherd 180°C/Gas Stufe 2

ZUBEREITUNG

☞ Schokolade und Honig unter ständigem Rühren im Wasserbad erhitzen, bis die Schokolade geschmolzen ist. Abkühlen lassen.
☞ Die Butter oder Margarine mit dem Zucker schaumig schlagen.
☞ Zuerst die Schokoladen-Honig-Mischung, dann die Eier unterziehen.
☞ Mehl, Kakaopulver und Backpulver in eine Schüssel sieben.
☞ Abwechselnd und in kleinen Mengen die Mehlmischung und Milch dazugeben.
☞ Den Teig in eine mit Pergamentpapier ausgelegte runde Form von 19 cm Durchmesser geben.
☞ Etwa 45 Minuten backen.
☞ Auf ein Kuchengitter stürzen. Das Pergamentpapier als Manschette belassen.
☞ Wenn der Kuchen ausgekühlt ist, den Guß zubereiten. Schokolade und Wasser in einem kleinen Topf bei schwacher Hitze erwärmen.
☞ Vom Herd nehmen und die Butter unterrühren. Wenn die Butter geschmolzen ist, den Puderzucker dazugeben.
☞ Den Guß auf dem Kuchen verteilen und mit dem Glasiermesser ungleichmäßig verstreichen. Wenn der Guß fest ist, die Pergamentpapiermanschette entfernen.

Kalter Kekskuchen mit Rum-Rosinen

ZUTATEN

225 g Milchschokolade
125 g Butter
1/4 Tasse Zuckersirup
50 g Rosinen, über Nacht in Rum eingelegt
50 g Paranüsse, grob gehackt
50 g Belegkirschen, grob gehackt
225 g Butterkekse m. Roggenmehl (Reformhaus), zerkleinert
VERZIERUNG
Belegkirschen
ganze Paranüsse

ZUBEREITUNG

☞ Schokolade, Butter und Zuckersirup im Wasserbad erhitzen.
☞ Wenn die Schokolade geschmolzen ist, Rosinen, Nüsse und Kirschen dazugeben.
☞ Kekskrümel hinzufügen und gut vermischen.
☞ Eine Kastenform (450 g) mit Pergamentpapier auslegen. Die Mischung einfüllen.
☞ Mindestens 4 Stunden kalt stellen, am besten über Nacht.
☞ Aus der Form lösen und mit Belegkirschen und Paranüssen verzieren.

Schachbrettkuchen

ZUTATEN

175 g Butter oder Margarine
175 g Zucker
3 Eier, geschlagen
175 g Mehl
1 1/2 TL Backpulver
1 EL Milch
25 g ungesüßtes Kakaopulver
1 EL kochendes Wasser
Ingwerkonfitüre
350 g Marzipanrohmasse
175 g Halbbitter- oder Milchschokolade
15 g Butter

VERZIERUNG

kandierter Ingwer

Elektroherd 190°C/Gas Stufe 3

ZUBEREITUNG

☞ Eine quadratische Kuchenform (20 x 20 cm) mit Alufolie auslegen, in der Mitte einen Steg falten, so daß zwei gleiche Hälften entstehen. Gut einfetten.
☞ Die Butter oder Margarine mit dem Zucker schaumig schlagen. Nach und nach die Eier dazugeben.
☞ Mehl und Backpulver hinzufügen. Den Teig halbieren.
☞ Das Kakaopulver in das kochende Wasser rühren. Diese Schokoladenpaste zu der einen Teighälfte, die Milch zu der anderen hinzugeben.
☞ Getrennt in die beiden Hälften der Backform füllen. Etwa 30 Minuten backen. Aus der Form lösen. Abkühlen lassen.
☞ Die Ränder der beiden Kuchenteile begradigen, jeweils der Länge nach durchschneiden. Die einzelnen Stücke mit Konfitüre bestreichen und so aneinander fügen, daß ein Schachbrettmuster entsteht.
☞ Pergamentpapier so zuschneiden, daß man den Kuchen darin einschlagen kann. Die Marzipanrohmasse darauf ausrollen. Den Kuchen mit Konfitüre bestreichen. Mit dem passend ausgerollten Marzipan umgeben.
☞ Die Schokolade mit der Butter schmelzen. Den Kuchen damit bestreichen. Mit dem kandierten Ingwer verzieren und fest werden lassen.

Schokoladen-Baiser-Kuchen

ZUTATEN

FÜR 6 PORTIONEN
3 Eiweiß
150 g Zucker, sehr fein
75 g gemahlene Haselnüsse
TEIG
50 g Mehl
50 g ungesüßtes Kakaopulver
4 Eigelb, 4 Eiweiß
125 g Zucker
FÜLLUNG
225 g Mokka-Sahne-Schokolade
2 Eigelb
2 EL Wasser
300 ml Schlagsahne
50 g Zucker
rote Konfitüre
VERZIERUNG
gemischte gehackte Nüsse
Schokoladenlöckchen, selbstgemacht, oder Borkenschokolade
Puderzucker

Elektroherd 150°C/Gas Stufe 1 (Baisers)
Elektroherd 180°C/Gas Stufe 2 (Kuchen)

ZUBEREITUNG

☞ Zwei Backbleche mit Pergamentpapier auslegen. Auf jedem einen Kreis mit 18 cm Durchmesser anzeichnen.
☞ Die Eiweiß in eine Schüssel geben. Steif schlagen.
☞ Nach und nach den Zucker dazugeben, bis die Masse dick und glänzend wird. Die Nüsse unterziehen.
☞ Die Baisermasse innerhalb der angezeichneten Kreise auf dem Pergamentpapier verteilen. Etwa 1 Stunde backen. Den Herd abstellen und anschließend noch 1/2 Stunde trocknen lassen bis die Baisers fest sind.
☞ Aus dem Backofen nehmen und abkühlen lassen.
☞ Für den Teig Mehl und Kakaopulver zusammen sieben.
☞ Die Eigelb mit dem Zucker verrühren, bis die Mischung dick und blaßgelb ist.
☞ Die Eiweiß cremig, aber nicht ganz steif schlagen.
☞ Das Mehl und die geschlagenen Eiweiß abwechselnd zu der Eigelbcreme geben.
☞ In eine ausgefettete und mit Pergamentpapier ausgelegte Backform von 18 cm Durchmesser geben. Etwa 40 Minuten backen. Aus dem Backofen nehmen und abkühlen lassen.
☞ Für die Schokoladencreme die Schokolade schmelzen und etwas abkühlen lassen. Die Eigelb mit dem Wasser verrühren.
☞ Die geschmolzene Schokolade zu den Eigelb geben, gut untermischen. In einen Topf füllen und bei schwacher Hitze 1 Minute köcheln lassen. Abkühlen lassen.
☞ Die Sahne mit dem Zucker verrühren, bis die Masse weiche Spitzen bildet. Die Schokoladenmischung unterziehen. Zudecken und kalt stellen.
☞ Zum Zusammensetzen des Kuchens den Boden in zwei Schichten teilen und jede mit etwas Konfitüre bestreichen.
☞ Eine Baiserplatte auf einen Teller legen und mit etwas Schokoladencreme bestreichen. Eine Kuchenschicht darauflegen, mit Creme bestreichen und die zweite Baiserplatte darauflegen. Mit Creme bestreichen und die zweite Kuchenschicht darauflegen.
☞ Mit der restlichen Schokoladencreme den Kuchen bestreichen.

VERZIERUNG

Die Seiten des Kuchens mit den gehackten Nüssen verzieren. Schokoladenlöckchen auf der Oberseite verteilen und mit Puderzucker bestäuben.

Kuchenpilz

ZUTATEN

25 g ungesüßtes Kakaopulver
1 EL kochendes Wasser
125 g Butter oder Margarine
125 g brauner Zucker
2 Eier, geschlagen
125 g Mehl; 1 TL Backpulver
DEKORATION
125 g Butter oder Margarine
225 g Puderzucker
50 g Bitterschokolade, geschmolzen
225 g Marzipanrohmasse
Aprikosenkonfitüre, durchs Sieb gestrichen
Puderzucker oder Kakaopulver

Elektroherd 180°C/Gas Stufe 2

ZUBEREITUNG

☞ Das Kakaopulver mit dem Wasser zu einer Paste verrühren.

☞ Butter, Zucker und Schokoladenpaste in eine Schüssel geben und schaumig schlagen.

☞ Nach und nach die Eier unterziehen.

☞ Mehl und Backpulver unterarbeiten.

☞ Den Teig in eine eingefettete und mit Pergamentpapier ausgelegte Backform von 20 cm Durchmesser geben. Etwa 25 Minuten backen. Aus dem Backofen nehmen und abkühlen lassen.

☞ Für die Creme die Butter oder Margarine mit dem Puderzucker verrühren. Die geschmolzene Schokolade dazugeben, gut untermischen. Abkühlen lassen.

☞ Mit einem Spritzbeutel mit großer Sterntülle Linien vom Rand des Kuchens zur Mitte spritzen, so daß das Muster wie die Lamellen an der Unterseite eines Pilzes aussehen.

☞ Etwas Marzipan für den Stiel beiseite legen. Das restliche Marzipan zu einem etwa 60 cm langen Streifen ausrollen, so breit, daß er am Kuchenrand etwas übersteht.

☞ Den Rand des Kuchens mit Aprikosenkonfitüre bestreichen. Den Marzipanstreifen um den Kuchen legen, andrücken. Den Rand etwas über die Cremestreifen ziehen.

☞ Aus dem aufbewahrten Marzipan einen Stiel formen und in die Kuchenmitte setzen. Die Creme mit Kakaopulver oder Puderzucker bestäuben.

Schokoladenring »Surprise«

ZUTATEN

FÜR 8 PORTIONEN
150 g Mehl
1 TL Backpulver
25 g ungesüßtes Kakaopulver
175 g weiche Margarine
175 g Zucker
3 Eier
4 EL Kirschwasser
125 g Obst (z.B. Erdbeeren, Himbeeren, entsteinte Kirschen)
150 ml Schlagsahne
GUSS
gut 65 ml Schlagsahne
175 g Edelbitterschokolade, gerieben
VERZIERUNG
Rohkostpralinen (s. S. 110)

Elektroherd 180°C/Gas Stufe 2

ZUBEREITUNG

☞ Mehl, Backpulver und Kakaopulver in eine Schüssel sieben. Margarine, Zucker und Eier dazugeben. Gut verrühren.
☞ Den Teig in eine ausgefettete und mit Mehl bestäubte Ringform (1,2 l) geben. Etwa 35–40 Minuten backen, aus dem Backofen nehmen und abkühlen lassen.
☞ Den Kuchen stürzen und einen Deckel von ca. 2 cm Dicke abschneiden. Vorsichtig abheben und beiseite legen.
☞ Mit einem Teelöffel einen etwa 2 cm tiefen und 2,5 cm breiten »Graben« aushöhlen.
☞ 3 EL Kirschwasser über den Kuchen träufeln.
☞ Das Obst zerkleinern und in die Aushöhlung geben.
☞ Die Sahne steif schlagen. Das restliche Kirschwasser dazugeben. Die Sahne auf dem Obst verteilen.
☞ Den Deckel wieder aufsetzen.
☞ Den Kuchen wenden.
☞ Für den Guß die Sahne in einen Topf geben und gerade zum Kochen bringen. Die Schokolade hinzufügen. Rühren, bis die Schokolade geschmolzen ist.
☞ Abkühlen lassen, bis die Mischung dick und glatt ist. Auf dem Kuchen verteilen.
☞ Kalt stellen, bis der Guß fest ist.

SERVIERVORSCHLAG

Mit Rohkostpralinen verzieren.

Schwarzwälder Kirschtorte

ZUTATEN

8 Eigelb, 8 Eiweiß
225 g Zucker
75 g Kuchenkrümel (z.B. Madeirakuchen)
75 g gemahlene Mandeln
50 g Mehl
50 g ungesüßtes Kakaopulver
FÜLLUNG
450 g entsteinte, gekochte Kirschen/ Kirschen aus der Dose
75 ml Kirschsaft
120 ml Kirschwasser
600 ml Schlagsahne, geschlagen
geriebene Schokolade
roter Johannisbeergelee, angewärmt
Schokoladenspäne oder -löckchen (s.S. 17)
Puderzucker

Elektroherd 180°C/Gas Stufe 2

ZUBEREITUNG

☞ Zwei Springformen mit 23 cm Durchmesser einfetten und mit Pergamentpapier auslegen.
☞ Die Eigelb mit dem Zucker zu einer dicken Creme rühren.
☞ Kuchenkrümel und gemahlene Mandeln dazugeben.
☞ Mehl und Kakaopulver zusammen sieben. Eiweiß steif schlagen.
☞ Das Mehl und den Eischnee zu der Mischung geben. Den Teig in die vorbereiteten Backformen füllen. Etwa 35 Minuten backen, bis sich der Kuchen elastisch anfühlt. Aus dem Backofen nehmen und auf einem Kuchengitter auskühlen lassen.
☞ Ein paar Kirschen für die Dekoration beiseite stellen.
☞ Jeden Boden in zwei Schichten zerteilen. Ergibt 4 Böden.
☞ Kirschsaft und Kirschwasser mischen. Einen Boden damit beträufeln. Mit etwas Sahne bestreichen, einige Kirschen darauf verteilen.
☞ Den zweiten Boden darauflegen und das Verfahren wiederholen. Mit dem dritten Boden genauso verfahren.
☞ Den vierten Boden darauflegen, Oberfläche und Seiten der Torte mit der restlichen Sahne bestreichen.
☞ Geriebene Schokolade mit dem Glasiermesser am Rand andrücken.
☞ Mit Schlagsahne zwei Kränze Sternchen auf den Tortendeckel spritzen. Der Abstand sollte so groß sein, daß eine Kirsche dazwischen Platz hat. Die beiseite gestellten Kirschen zwischen den Kränzen verteilen. Die Kirschen mit dem erwärmten Johannisbeergelee bestreichen.

SERVIERVORSCHLAG

Schokoladenspäne oder -löckchen in die Tortenmitte geben. Mit Puderzucker bestäuben.

Sachertorte

ZUTATEN

225 g Zartbitterschokolade
125 g Butter
175 g Zucker, sehr fein
5 Eigelb, 5 Eiweiß
75 g gemahlene Haselnüsse oder Mandeln
50 g Mehl
1/2 TL Backpulver
FÜLLUNG
150 ml Schlagsahne, steif geschlagen
GUSS
225 g Zartbitterschokolade
125 g zerlassene Butter
DEKORATION
Schlagsahne
ganze Haselnüsse
Schokoladenblätter (s. S. 19), auch Fertigprodukt

Elektroherd 180°C/Gas Stufe 2

ZUBEREITUNG

☞ Die Schokolade im Wasserbad schmelzen. Die Butter in kleinen Stückchen dazugeben, schlagen, bis sie geschmolzen und die Masse glatt ist.

☞ Den Zucker unterrühren. Nach und nach die Eigelbe dazugeben. Dazwischen immer gut schlagen.

☞ Die Eiweiße steif schlagen. Schokolade, gemahlene Nüsse, Mehl und Backpulver vorsichtig unterheben.

☞ Den Teig auf zwei eingefettete und mit Pergamentpapier ausgelegte Backformen von 20 cm Durchmesser verteilen. 20–25 Minuten backen. Auf einem Kuchengitter auskühlen lassen.

☞ Wenn die Kuchen kalt sind, mit Schlagsahne aufeinander setzen.

☞ Für den Guß Schokolade schmelzen, nach und nach die Butter dazugeben, zwischendurch immer gut schlagen. 20–30 Minuten abkühlen lassen, bis die Masse streichfähig ist.

☞ Auf der Torte verteilen. Fest werden lassen.

☞ Mit Schlagsahne, Haselnüssen und Schokoladenblättern verzieren.

Dobos Torte

ZUTATEN

6 Eigelb, 6 Eiweiß
Schale 1 Zitrone, gerieben
175 g Zucker
150 g Mehl
BUTTERCREME
225 g Milchschokolade
225 g Butter
450 g Puderzucker, gesiebt
KARAMELMASSE
175 g Kristallzucker

Elektroherd 200°C/Gas Stufe 3

ZUBEREITUNG

☞ 7 Backbleche einfetten und mit Mehl bestäuben. Mit einer Kuchenform oder einem Teller auf jedem einen Kreis mit 20 cm Durchmesser anzeichnen.

☞ Eigelb mit Zitronenschale und Zucker zu einer dicken Creme verrühren.

☞ Eiweiß steif schlagen.

☞ Abwechselnd Eischnee und Mehl zu der Eigelbcreme geben.

☞ Den Teig gleichmäßig in den angezeichneten Kreisen verteilen. Schubweise etwa 8 Minuten backen, bis die Böden goldbraun sind. Auf einem Kuchengitter abkühlen lassen.

☞ Mit Hilfe eines Tellers oder einer Kuchenform die Ränder begradigen. Die Böden müssen genau gleich groß sein.

☞ Für die Buttercreme die Schokolade schmelzen. Die Butter dazugeben, umrühren, bis sie geschmolzen ist. Abkühlen lassen. Den Puderzucker unterrühren.

☞ Für die Karamelmasse den Zucker in einen Kochtopf mit dickem Boden geben. Bei schwacher Hitze sehr langsam erwärmen. Umrühren, bis sich der Zucker ganz aufgelöst hat. Erhitzen, bis die Karamelmasse goldbraun ist.

☞ Die Karamelmasse sofort auf einen der Böden gießen. Bevor sie fest wird, den Boden mit einem eingeölten oder eingefetteten Messer in 8 Segmente zerteilen.

☞ Die restlichen Böden mit der Schokoladen-Buttercreme aufeinander setzen. Die Seiten der Torte mit Buttercreme bestreichen.

☞ Die übrige Buttercreme in einen Spritzbeutel mit großer Sterntülle füllen. Von der Mitte aus acht lange Schleifen auf die Tortenoberfläche spritzen. Je ein karamelüberzogenes Segment in eine dieser Cremeschleifen setzen, etwas aufbiegen.

Torta Sorentina (Osterkuchen)

ZUTATEN

225 g Butter
4 große Eier
225 g Zucker
225 g Mehl
2 TL Backpulver
Schale 1/2 ungespritzten Zitrone, gerieben
ZITRONENFÜLLUNG
1 Eiweiß
50 g Puderzucker
75 g Butter
Schale 1/2 ungespritzten Zitrone, gerieben
GUSS
175 g Blockschokolade
30 ml Sahne
25 g Butter
DEKORATION
gezuckerte Zitronenscheiben

Elektroherd 180°C/Gas Stufe 2

ZUBEREITUNG

☞ Butter zerlassen und abkühlen lassen.

☞ Eier und Zucker im Wasserbad schlagen, bis eine blaßgelbe Creme entsteht.

☞ Mehl, Backpulver, Zitronenschale und Butter vorsichtig unterheben. Nicht zu stark rühren.

☞ Den Teig in eine ausgefettete und mit Mehl bestäubte Ringform (2 l) geben. 30–40 Minuten backen. Etwas abkühlen lassen, dann aus dem Ofen nehmen und auf ein Kuchengitter stürzen.

☞ Für die Füllung das Eiweiß mit dem Puderzucker im Wasserbad so lange schlagen, bis eine Baisermasse entsteht. Vom Herd nehmen und schlagen, bis die Masse kalt ist.

☞ Butter schaumig schlagen. Die Baisermasse nach und nach dazugeben. Zitronenschale hinzufügen.

☞ Den Kuchen in drei Schichten schneiden. Die Zitronenfüllung zwischen die Schichten streichen. Kalt stellen.

☞ Schokolade und Sahne im Wasserbad erhitzen. Wenn die Schokolade geschmolzen ist, Butter dazugeben. Vom Herd nehmen und kräftig rühren, bis eine glatte Creme entsteht.

☞ Den Kuchen mit dem Guß überziehen. Mit gezuckerten Zitronenscheiben dekorieren. Guß fest werden lassen.

Buche De Noël

ZUTATEN

4 Eigelb, 4 Eiweiß
125 g Zucker
125 g Mehl
BUTTERCREME
75 g Zucker
85 ml Wasser
4 Eigelb
175 g Butter
75 g Milchschokolade
1–2 TL Rum
DEKORATION
Baiserpilze (s.S. 112)
Beeren aus Marzipan (Fertigprodukt)

Elektroherd 230°C/Gas Stufe 4

ZUBEREITUNG

☞ Eine rechteckige Backform (23 x 33 cm) einfetten und mit Pergamentpapier auslegen.
☞ Eigelb mit dem Zucker zu einer dicken Creme schlagen.
☞ Eiweiß steif schlagen.
☞ Abwechselnd Eischnee und Mehl zu der Eigelbcreme geben. In die Form füllen und etwa 10 Minuten backen, bis der Teig goldbraun ist.
☞ Ein Stück Pergamentpapier auf ein feuchtes Küchenhandtuch legen und mit sehr feinem Zucker bestreuen. Den Kuchen auf das zuckerbestreute Papier stürzen.
☞ Das Pergamentpapier von der Unterseite abziehen und rasch die Ränder begradigen. An einer Schmalseite etwa 2,5 cm vom Rand entfernt eine flache Rinne einschneiden.
☞ Den Rand über diese Rinne schlagen. Mit Hilfe des Küchenhandtuchs den Kuchen mit dem Pergamentpapier aufrollen. Mit dem feuchten Tuch bedecken, bis er abgekühlt ist.
☞ Für die Buttercreme den Zucker und das Wasser in einen kleinen Topf geben. Den Zucker auflösen, zum Kochen bringen und so lange kochen, bis die Masse Fäden zieht (110°C).
☞ Die Eigelb in einer Schüssel zu einer dicken Creme schlagen. Langsam und stetig den heißen Sirup dazugießen. Kräftig rühren, bis die Mischung schaumig wird.
☞ Butter schlagen, bis sie weich ist. Nach und nach die Eiermischung dazugeben, bis die Mischung fest und glänzend ist. Schokolade und Rum unterrühren.
☞ Die Rolle vorsichtig wieder aufrollen und das Pergamentpapier entfernen. Ein wenig Buttercreme auf dem Kuchen verteilen. Wieder zusammenrollen.
☞ Den Kuchen auf eine Kuchenplatte legen. Die restliche Buttercreme mit einem Spritzbeutel mit großer Sterntülle in Längsrichtung darauf verteilen. Leichte Unregelmäßigkeiten deuten »Astlöcher« an.

SERVIERVORSCHLAG

Mit Baiserpilzen und Beeren aus Marzipan verzieren.

Pies

Feine Schokoladenpie

ZUTATEN

FÜR 6 PORTIONEN
175 g tiefgekühlter, aufgetauter Mürbeteig (Rezept für eine Backform)
150 ml Milch
75 g Zucker
125 g Mokkaschokolade, gehackt
2 kleine Eier, Eigelb und Eiweiß getrennt
2 TL gemahlene Gelatine
2 EL Wasser
150 ml Schlagsahne
DEKORATION
Schlagsahne
Schokoladenlöckchen oder Borkenschokolade (Fertigprodukt)

Elektroherd 190°C/Gas Stufe 2–3

ZUBEREITUNG

☞ Den Teig ausrollen und in eine flache Backform von 20 cm Durchmesser drücken. Mit Pergamentpapier abdecken und 20–25 Minuten backen. Das Pergamentpapier entfernen und noch einmal für 5—10 Minuten in den Ofen schieben, bis der Boden hellbraun und knusprig ist. Abkühlen lassen.

☞ Milch, 75 g Zucker und Schokolade in einen Kochtopf geben und bei schwacher Hitze schmelzen lassen. Ständig umrühren. Etwas abkühlen lassen.

☞ Die Eigelb unter die Schokoladenmasse ziehen.

☞ Die Gelatine in Wasser auflösen und unter die Schokoladencreme rühren. Die Mischung andicken lassen.

☞ Eiweiß steif schlagen.

☞ Die Sahne steif schlagen.

☞ Eischnee und Sahne unter die Schokoladenmischung heben. Gut vermischen und dann auf den Mürbeteigboden gießen.

☞ Kalt stellen, bis die Creme fest ist.

SERVIERVORSCHLAG

Mit dem Spritzbeutel mit Schlagsahne verzieren, reichlich Schokoladenlöckchen in die Mitte geben.

Schokoladensirupkuchen

ZUTATEN

FÜR 8 PORTIONEN
225 g Mehl
2 EL Puderzucker
225 g Butter
etwas Wasser
125 g Bitterschokolade
3 Eier
45 ml Zuckersirup
225 g Zucker
1 Päckchen Vanillinzucker
SERVIERVORSCHLAG
Vanilleeis

Elektroherd 180°C/Gas Stufe 2

ZUBEREITUNG

☞ Mehl und Puderzucker in eine Schüssel sieben. 125 g Butter dazugeben, so daß feine Krümel entstehen.
☞ So viel Wasser zufügen, daß man sie zu einem festen Teig verarbeiten kann.
☞ Den Teig ausrollen und eine flache Backform von 23 cm Durchmesser damit auslegen.
☞ Die restliche Butter und die Schokolade in einen Kochtopf geben. Bei schwacher Hitze unter ständigem Rühren zergehen lassen.
☞ Eier, Sirup, Zucker und Vanillinzucker miteinander verrühren. Zu der Schokoladenmasse geben.
☞ Die Füllung in den Boden gießen. Etwa 40 Minuten backen, bis der Teig knusprig und die Füllung fest ist. (Innen sollte die Füllung noch weich sein.)

SERVIERVORSCHLAG

Warm mit Vanilleeis servieren.

Schokoladen-Baiser-Pie

ZUTATEN

FÜR 6 PORTIONEN
225 g Vollkorn-Butterkekse (Reformhaus)
125 g Butter
FÜLLUNG
25 g Zucker
25 g Mehl
2 gestrichene TL Speisestärke
2 große Eier, Eigelb und Eiweiß getrennt
300 ml Milch
25 g Butter
125 g Raspelschokolade
2 TL Rum (nach Belieben)
BAISERMASSE
1/2 Tasse Puderzucker
Zimt

Elektroherd 200°C/Gas Stufe 3

ZUBEREITUNG

☞ Die Kekse zerkrümeln.

☞ Die Butter zerlassen und zu den Kekskrümeln geben. Diese Masse in eine flache feuerfeste Form von 20 cm Durchmesser geben und gut andrücken.

☞ Zucker, Mehl, Eigelb und ein wenig Milch miteinander verrühren. Die restliche Milch erhitzen.

☞ Die heiße Milch zu dem Teig gießen, gut verrühren. Das Ganze wieder in den Kochtopf geben. Bei schwacher Hitze langsam erwärmen, bis die Mischung dick wird.

☞ Butter, Schokolade und, wenn gewünscht, Rum hinzufüren. Rühren, bis die Masse glatt wird und dann über die Kekskrümel gießen. Kalt stellen.

☞ Etwa 1/2 Stunde vor dem Servieren das Baiser zubereiten. Die Eiweiß steif schlagen.

☞ Die Hälfte des Zuckers teelöffelweise unterrühren. Den übrigen Zucker dazugeben und kräftig schlagen.

☞ Die Baisermasse auf der Schokoladenfüllung verteilen. Mit einem Teelöffel dekorativ auflockern.

☞ 3–5 Minuten backen, bis das Baiser goldbraun ist.

☞ Mit etwas Zimtpulver bestäuben.

Mississippischlamm-Pie

ZUTATEN

FÜR 8 PORTIONEN
175 g Vollkorn-Butterkekse
1 walnußgroßes Stück Butter, zerlassen
125 g bittere Schokolade, geschmolzen
1,1 l Mokkaeis
1,1 l Schokoladeneis
4 EL/30 ml Brandy
DEKORATION
Schlagsahne
Schokoraspel

ZUBEREITUNG

☞ Die Kekse in der Küchenmaschine oder in einem Plastikbeutel mit dem Nudelholz zerkleinern.
☞ Zerlassene Butter und flüssige Schokolade dazugeben und gut mischen.
☞ Die Masse in eine gut ausgefettete flache Backform von 23 cm Durchmesser füllen. Fest andrücken. Kalt stellen.
☞ Das Eis etwas weich werden lassen. In eine Schüssel geben, Brandy zufügen. Gut vermischen.
☞ Das Eis auf die Schokoladen-Keks-Masse füllen und im Gefrierfach fest werden lassen.

SERVIERVORSCHLAG

Die Pie etwa 15 Minuten vor dem Servieren aus dem Gefrierfach nehmen. Mit Schlagsahne und Schokoraspeln dekorieren.

Kaffeegebäck

Schokoladenwaffeln

ZUTATEN

150 g Mehl
25 g ungesüßtes Kakaopulver
1 Prise Salz
2 gestrichene TL Backpulver
25 g Zucker
2 Eigelb, 2 Eiweiß
300 ml Milch
50 g zerlassene Butter
SERVIERVORSCHLAG
4 EL Schokoladensirup (Rezept s.S. 117)
4 EL Ahornsirup
25—50 g Pistazien, gehackt

ZUBEREITUNG

☞ Mehl, Kakao, Salz und Backpulver in eine Schüssel sieben. Den Zucker hinzufügen.

☞ In der Mitte eine Vertiefung eindrücken. Eigelb, Milch und Butter hineingeben. Gut vermischen.

☞ Die Eiweiß steif schlagen. Vorsichtig unter den Eierteig heben.

☞ Den Teig in ein vorgeheiztes Waffeleisen füllen, backen.

SERVIERVORSCHLAG

Schokoladen- und Ahornsirup mischen, die Nüsse unterrühren. Die Waffeln heiß mit der Sauce servieren.

Croissants mit Schokoladenfüllung

ZUTATEN

FÜR ETWA 12 STÜCK
450 g Mehl Type 550
1 TL Salz
25 g Schweineschmalz
25 g frische Hefe
225 ml lauwarmes Wasser
1 Ei, verquirlt
175 g Butter
225 g Schoko-Chips
1 Ei, verquirlt
2 TL Wasser
1 TL Zucker

Elektroherd 220°C/Gas Stufe 4

ZUBEREITUNG

☞ Mehl und Salz zusammen sieben. Das Schmalz unterarbeiten.

☞ Die Hefe mit dem Wasser vermischen und zu dem Mehl geben. Das Ei hinzufügen und das Ganze zu einem weichen Teig verarbeiten.

☞ Auf einem bemehlten Backbrett durchkneten, bis der Teig glatt ist. Zu einem Streifen von 51x20 cm ausrollen.

☞ Die Butter weich werden lassen, in 3 Portionen aufteilen. Eine Portion Butter auf 2/3 des Teigstreifens verteilen. Den Teig dreifach übereinander schlagen, dabei das Drittel ohne Butter zuerst einschlagen. Die Ränder fest zusammendrücken. In Frischhaltefolie packen, kalt stellen.

☞ Den Teig wieder ausrollen und das Verfahren mit den übrigen Butterportionen noch zweimal wiederholen. In Frischhaltefolie einschlagen und kalt stellen.

☞ Den Teig erneut ausrollen und noch dreimal übereinanderschlagen. Mindestens 1 Stunde kalt stellen.

☞ Den Teig zu einem Rechteck 55x30,5 cm ausrollen. Die Ränder begradigen und das Rechteck der Länge nach durchschneiden. Die so entstandenen Streifen in Dreiecke zerteilen.

☞ An der Basis jeweils ein kleines Häufchen Schoko-Chips auf die Teigdreiecke geben.

☞ Das Eigelb mit dem Wasser und dem Zucker verquirlen. Die Ränder der Croissants damit bestreichen.

☞ Die Croissants locker aufrollen. An der Basis beginnen, zum Schluß die Spitze unterschlagen.

☞ Mit eingefetteter Frischhaltefolie bedecken und 20–30 Minuten aufgehen lassen. Mit der Eimischung bestreichen.

☞ Etwa 20 Minuten backen. Noch warm servieren.

Dänisches Plundergebäck

ZUTATEN

FÜR ETWA 16 STÜCK
25 g frische Hefe
150 ml lauwarmes Wasser
450 g Mehl
1 Prise Salz
50 g Schweineschmalz
2 EL Zucker
2 Eier, verquirlt
275 g Butter
ein paar Tropfen Bittermandelöl
FÜLLUNG
50 g Butter
125 g Puderzucker, gesiebt
75 g Halbbitterschokolade, geschmolzen
25 g geröstete Mandeln, fein gehackt
GLASUR
1 Ei, verquirlt
Honig

Elektroherd 220°C/Gas Stufe 4

ZUBEREITUNG

☞ Hefe und Wasser verrühren.
☞ Mehl und Salz in eine Schüssel sieben. Das Schmalz dazugeben und den Zucker unterrühren.
☞ Hefe und Eier zum Mehl geben und zu einem glatten Teig verarbeiten. Leicht kneten. In eine schwach geölte Schüssel geben und mit Frischhaltefolie abdecken. 10 Minuten kalt stellen.
☞ Die Butter weich werden lassen und auf Pergamentpapier zu einem flachen, länglichen Block formen.
☞ Den Teig auf einem mit Mehl bestäubten Backbrett zu einem Rechteck ausrollen, das dreimal so groß ist wie der Butterblock.
☞ Die Butter in die Teigmitte setzen und den Teig darüber schlagen. An den offenen Enden mit dem Nudelholz versiegeln.
☞ Den Teig um 45° drehen und zu einem Rechteck dreimal so lang wie breit ausrollen.
☞ Dreifach übereinander schlagen. In Frischhaltefolie wickeln und 10 Minuten kalt stellen. Noch dreimal ausrollen und übereinander schlagen.
☞ Für die Füllung Butter und Puderzucker verrühren. Schokolade, Mandeln und Bittermandelöl dazugeben. Kalt stellen.
☞ Den Teig dünn ausrollen und in Quadrate von 7,5 cm Seitenlänge zerteilen.
☞ Einen gehäuften Teelöffel Füllung in die Mitte der Quadrate geben. Die gegenüberliegenden Ecken überschlagen. Entweder mit verquirltem Ei oder einem Holzstäbchen (Zahnstocher) fixieren.
☞ Auf ein eingefettetes Backblech setzen. Mit eingefetteter Frischhaltefolie abdecken und etwa 30 Minuten gehen lassen.
☞ Mit verquirltem Ei bestreichen. Etwa 20 Minuten backen. Die Plunder mit etwas Honig bestreichen, solange sie noch warm sind.

Schokoladenbrötchen (Muffins)

ZUTATEN

FÜR 12 STÜCK
225 g Mehl
3 EL ungesüßtes Kakaopulver
50 g Zucker
1 gestrichenen TL Backpulver
1 Prise Salz
50 g Rosinen
1 Ei, verquirlt
225 ml Milch
50 ml Maiskeimöl

Elektroherd 200°C/Gas Stufe 3

ZUBEREITUNG

☞ Mehl und Kakaopulver in eine Schüssel sieben. Zucker, Backpulver, Salz und Rosinen dazugeben.
☞ Ei, Milch und Öl verquirlen.
☞ Die Flüssigkeit auf einmal zu den trockenen Zutaten geben und schnell mischen. Nicht zu heftig rühren.
☞ Den Teig in 12 eingefettete Backförmchen von 6,5 cm Durchmesser füllen.
☞ Etwa 20 Minuten backen.
☞ Aus der Form lösen und auf einem Kuchengitter etwas abkühlen lassen. Aufschneiden und warm mit Butter servieren.

Schokoladendoughnuts

ZUTATEN

FÜR ETWA 12 STÜCK
225 g Mehl
1/2 TL Natron
1 TL Backpulver
25 g Butter
50 g brauner Zucker
50 g dunkle Schokolade
1 TL Vanillinzucker
1 Ei, verquirlt
Milch
Kokosfett
feiner Zucker, gemischt mit Zimt
GUSS
125 g dunkle Schokolade
4 EL Milch, gemischt mit Wasser
225 g Puderzucker, gesiebt

fritieren bei 182°C

ZUBEREITUNG

☞ Mehl, Natron und Backpulver in eine Schüssel sieben.
☞ Butter und Zucker dazugeben.
☞ Schokolade mit dem Vanillinzucker schmelzen.
☞ Das verquirlte Ei und die Schokolade mit den trockenen Zutaten zu einem festen Teig verarbeiten, wenn nötig etwas Milch zufügen.
☞ Ganz leicht durchkneten und etwa 1 cm dick ausrollen.
☞ Mit einem Ringaustecher oder zwei verschieden großen runden Ausstechformen die Doughnuts ausstechen. Das Mittelteil aufbewahren.
☞ Das Fett erhitzen und immer ein paar Doughnuts auf einmal darin goldbraun fritieren. Abtropfen und auskühlen lassen.
☞ Die Mittelstücke ebenfalls fritieren. Abtropfen lassen. Solange die Mittelstücke noch warm sind, in feinem Zucker mit Zimt wälzen. Warm servieren.
☞ Für den Guß Schokolade in Milch und Wasser schmelzen. Den Puderzucker dazugeben und gut verrühren.
☞ Die ausgekühlten Doughnuts mit dem Guß bestreichen.

Doughnuts schmecken ganz frisch am besten!

Rosettenkuchen mit Schokolade, Karamel und Pekannüssen

ZUTATEN

FÜR 9 ROSETTEN
225 g Mehl Type 550
15 g frische Hefe
1 TL Zucker
100 ml lauwarme Milch
1/2 TL Salz
25 g Butter
1 Ei, verquirlt
25 g zerlassene Butter
50 g dunkle Schokolade
75 g Pekannüsse oder Pistazien, gehackt
1/2 TL Lebkuchengewürz
50 g brauner Zucker
GLASUR
125 g Zartbitterschokolade
25 g Butter
1 EL Honig

Elektroherd 190°C/Gas Stufe 3

ZUBEREITUNG

☞ 50 g Mehl in eine Schüssel sieben. Mit Hefe, Zucker und Milch zu einem glatten Teig verarbeiten.

☞ An einem warmen Platz 10–20 Minuten ruhen lassen, bis der Teig schaumig wird.

☞ Das übrige Mehl mit dem Salz in eine Schüssel sieben und die Butter dazugeben. Diese Mischung zu dem Hefeteig geben. Zusammen mit dem verquirltem Ei zu einem weichen Teig verarbeiten.

☞ Auf einem mehlbestäubten Backbrett etwa 5 Minuten kneten, bis der Teig glatt ist. In eine schwach geölte Schüssel geben, mit Frischhaltefolie abdecken und an einem warmen Platz etwa 1 Stunde auf doppeltes Volumen aufgehen lassen.

☞ Gut durchkneten. Zu einem Rechteck 30 x 23 cm ausrollen. Butter und Schokolade schmelzen, den Teig damit bestreichen.

☞ Die Nüsse oder Pistazien mit dem Lebkuchengewürz und dem Zucker mischen und auf den Teig streuen.

☞ Der Länge nach, wie eine Biskuitrolle, aufrollen. In 9 Scheiben schneiden.

☞ Eine Springform von 18 cm Durchmesser einfetten, die Scheiben hineinlegen. Mit eingeölter Frischhaltefolie abdecken und an einem warmen Platz etwa 30 Minuten gehen lassen.

☞ Die Frischhaltefolie entfernen und den Hefeteig etwa 30 Minuten backen.

☞ Auf ein Kuchengitter setzen. Schokolade, Butter und Honig mischen, auf den Kuchen geben, solange er noch warm ist. Warm servieren.

Heiße Süßspeisen

Pudding mit Banane

ZUTATEN

FÜR 4–5 PORTIONEN

125 g Butter oder Margarine
125 g Zucker
2 Eier, verquirlt
150 g Mehl
1 TL Backpulver
25 g ungesüßtes Kakaopulver
etwa 2 EL Milch
1 kleine Banane, in Stückchen geschnitten
50 g Schokoladenlocken

SAUCE

175 g brauner Zucker
25 g Butter
4 EL Sahne

ZUBEREITUNG

☞ Die Butter oder Margarine mit dem Zucker schaumig rühren.
☞ Nach und nach die Eier dazugeben, dazwischen die Mischung immer gut schlagen.
☞ Mehl, Backpulver und Kakaopulver zusammen sieben und zu dem Eierteig geben. So viel Milch zufügen, daß der Teig vom Löffel tropft.
☞ Bananenstückchen und Schokoladenlocken unterrühren.
☞ Den Teig in eine ausgefettete Puddingform (900 ml) füllen und dabei beachten, daß sie nur 3/4 voll ist. Form gut mit Deckel verschließen und Pudding 1 1/2 Stunden im Wasserbad garen.
☞ Für die Sauce alle Zutaten in einen Topf geben und unter ständigem Umrühren zum Kochen bringen.

SERVIERVORSCHLAG

Den Pudding stürzen und mit der heißen Sauce servieren.

Überraschungspudding

ZUTATEN

FÜR 4–5 PORTIONEN
125 g Mehl; 1 TL Backpulver
50 g Zucker
2 gestrichene TL ungesüßtes Kakaopulver
50 g Walnüsse, gehackt
50 g zerlassene Butter
150 ml Milch
1 Päckchen Vanillinzucker
SAUCE
150 g brauner Zucker
2 gestrichene EL ungesüßtes Kakaopulver
210 ml kochendes Wasser

Elektroherd 180°C/Gas Stufe 2

ZUBEREITUNG

☞ Für den Biskuitteig die trockenen Zutaten in eine Schüssel geben. Butter, Milch, Backpulver und Vanillinzucker hinzufügen und zu einem cremigen Teig verarbeiten.

☞ Den Teig in eine gefettete feuerfeste Form (900 ml) füllen.

☞ Für die Sauce den braunen Zucker und das Kakaopulver mit dem kochenden Wasser verrühren. Diese Sauce auf den Teig gießen.

☞ Etwa 30 Minuten backen. Während des Backens geht der Teig auf, und die Schokoladensauce sinkt auf den Boden der Puddingform.

SERVIERVORSCHLAG

Mit Vanilleeis servieren.

Schokoladenfondue

ZUTATEN

FÜR 4–6 PORTIONEN
225 g gute bittere Schokolade
225 g Milchschokolade
225 g Sahne
3 EL Weinbrand oder beliebiger Likör

ZUBEREITUNG

☞ Die Schokolade in sehr kleine Stückchen brechen und in einen Topf mit dickem Boden geben. Die Sahne hinzufügen, und die Schokolade bei schwacher Hitze unter ständigem Umrühren zum Schmelzen bringen.
☞ Unmittelbar vor dem Servieren den Weinbrand oder den Likör unterrühren.

Kleine Stückchen Rührkuchen, Marshmallows, Makronen, Erdbeeren, Kirschen, Bananen-, Ananas- oder Apfelstückchen eignen sich gut für ein Schokoladenfondue.

Schokoladensoufflé

ZUTATEN

FÜR 4–6 PORTIONEN
50 g Butter
50 g Mehl
300 ml Milch
75 g geriebene Milchschokolade
3 Eier, getrennt
1 Eiweiß
50 g Zucker
Puderzucker

Elektroherd 190°C/Gas Stufe 2–3

ZUBEREITUNG

☞ Die Butter in einem Topf zerlassen, das Mehl unterrühren. Vom Herd nehmen und die Milch angießen. Wieder auf den Herd stellen und unter ständigem Rühren zum Kochen bringen. 2 Minuten unter ständigem Rühren köcheln lassen.

☞ Vom Herd nehmen und die Schokolade dazugeben.

☞ Die Eigelb unterrühren.

☞ Die Eiweiß steif schlagen. Den Zucker nach und nach in kleinen Mengen unterziehen.

☞ Die Schokoladensauce unter den Eischnee ziehen.

☞ Den Teig in eine eingefettete Souffléform (1,2 l) füllen.

☞ Etwa 40 Minuten backen, bis der Teig gut aufgegangen und fest ist.

SERVIERVORSCHLAG

Mit Puderzucker bestäuben.

Eisbaiser »Alaska«

ZUTATEN

FÜR 6–8 PORTIONEN
900 ml Schokoladeneis
3 Eier
75 g Zucker
65 g Mehl
2 EL ungesüßtes Kakaopulver
etwa 225 g Früchte (Erdbeeren, Bananen, Himbeeren oder Kirschen)
4 EL Marsala oder Cream Sherry
4 Eiweiß
225 g Zucker

Elektroherd 200°C/Gas Stufe 3 (Biskuit)
Elektroherd 230°C/Gas Stufe 4 (Baiser)

ZUBEREITUNG

☞ Das Schokoladeneis in eine mit Pergamentpapier ausgelegte Kastenfom geben. Über Nacht einfrieren.
☞ Eier und Zucker in eine Schüssel geben und schaumig rühren.
☞ Mehl und Kakaopulver sieben und vorsichtig unter die Eicreme ziehen.
☞ Den Teig in eine gefettete mit Pergamentpapier ausgelegte Backform (23 x 23 cm) geben und bei der niedrigeren Temperatur 12–15 Minuten backen. Abkühlen lassen und das Pergamentpapier entfernen.
☞ Früchte klein schneiden und eventuell Kerne entfernen. Mit Marsala oder Sherry in eine Schüssel füllen.
☞ Die Eiweiß steif schlagen. Nach und nach den Zucker dazugeben. Die Baisermasse in einen Spritzbeutel mit großer Sterntülle füllen.
☞ Die Ränder des Biskuits begradigen, an beiden Seiten einen Streifen von 2,5 cm abschneiden, so daß ein Rechteck entsteht, das etwas größer ist, als der Schokoladeneisblock.
☞ Den Biskuit auf eine feuerfeste Platte legen. Früchte und Flüssigkeit darauf verteilen.
☞ Das Schokoladeneis aus dem Gefrierfach nehmen und auf den Biskuitboden stürzen. Das Pergamentpapier entfernen.
☞ Die Baisermasse rasch dekorativ auf dem Schokoladeneis verteilen. Das Eis muß vollständig bedeckt sein.
☞ Bei der höheren Temperatur 3–5 Minuten backen, bis das Baiser leicht gebräunt ist.

Ananas-Schokoladenpudding

ZUTATEN

FÜR 6 PORTIONEN
125 g brauner Zucker
50 g Butter
4 Ananasscheiben
6 Walnußhälften
2 Eier, getrennt
25 g zerlassene Butter
125 g brauner Zucker
125 g Mehl
1TL Backpulver
25 g ungesüßtes Kakaopulver

Elektroherd 180°C/Gas Stufe 2

ZUBEREITUNG

☞ Eine Backform von 20 cm Durchmesser einfetten.
☞ Den Zucker mit der Butter cremig rühren und auf dem Boden der Backform verteilen. Die Ananasringe darauf arrangieren, in die Mitte der Ringe je eine Walnußhälfte legen.
☞ Eigelb mit der Butter cremig rühren.
☞ Eiweiß steif schlagen. Den Zucker und die Eigelbcreme unterziehen.
☞ Mehl, Backpulver und Kakaopulver zusammen sieben und vorsichtig dazugeben. Den Teig über die Ananasringe gießen und gleichmäßig verteilen.
☞ Etwa 30 Minuten backen.

SERVIERVORSCHLAG

Den Pudding vorsichtig auf eine Servierplatte stürzen und mit Vanillesauce oder flüssiger Sahne servieren.

Arme Ritter mit Zimt und Schokolade

ZUTATEN

FÜR 4–6 PORTIONEN
75–125 g Butter
12–14 Scheiben französisches Weißbrot
175 g Halbbitter- oder Milchschokolade
600 ml Milch
2 Eier
2 Eigelb
1 TL gemahlener Zimt
50 g Zucker
Puderzucker

Elektroherd 190°C/Gas Stufe 2–3

ZUBEREITUNG

☞ Die Weißbrotscheiben auf beiden Seiten mit Butter bestreichen. Auf ein Backblech legen und etwa 5 Minuten goldgelb backen. Wenden und noch einmal 2–5 Minuten backen, bis auch die andere Seite goldbraun ist.
☞ Die Schokolade schmelzen.
☞ Die Milch bis kurz vors Kochen kommen lassen. Vom Herd nehmen und die Schokolade dazugeben.
☞ Die Eier mit Eigelb, Zucker und Zimt verrühren. Zu der Schokoladenmilch geben. Kräftig schlagen.
☞ Die Brotscheiben in einer großen flachen Form nebeneinander anordnen. Die Schokoladensauce darübergießen.
☞ Die Form in eine Saftpfanne stellen und diese so hoch mit kochendem Wasser füllen, daß es bis zur Hälfte der Form reicht.
☞ 30–40 Minuten garen lassen, bis die Masse etwas fest wird.

SERVIERVORSCHLAG

Mit Puderzucker bestäuben und mit flüssiger Sahne servieren.

Kalte Süßspeisen

Mousse au Chocolat

ZUTATEN

FÜR 4–6 PORTIONEN
175 g gute Bitterschokolade
2 EL Honig
3 Eier, getrennt
15 g gemahlene Gelatine
3 EL heißes Wasser
150 ml Schlagsahne
SERVIERVORSCHLAG
Schlagsahne
Bananenscheiben

ZUBEREITUNG

☞ Schokolade und Honig im Wasserbad schmelzen.
☞ Die Eigelb dazugeben, glattrühren. Vom Herd nehmen.
☞ Die Gelatine im heißen Wasser auflösen. Zu der Schokoladenmischung geben. Kalt stellen, bis die Masse dickflüssig wird.
☞ Die Sahne cremig, aber nicht steif schlagen. Unter die Schokoladenmasse heben.
☞ Die Eiweiß steif schlagen. Den Eischnee unter die Schokoladencreme heben.
☞ In eine Form (1 l) gießen. Kalt stellen, bis die Creme fest ist.
☞ Auf eine Servierplatte stürzen.

SERVIERVORSCHLAG

Mit dem Spritzbeutel mit Schlagsahne und mit Bananenscheiben garnieren.

Windbeutel

ZUTATEN

FÜR 6 PORTIONEN
50 g Butter
150 ml Wasser
65 g Mehl
2 Eier, verquirlt
FÜLLUNG
300 ml Schlagsahne
25 g Puderzucker, gesiebt
etwas Grand Marnier
2 TL ungespritzte Orangenschale, fein gerieben
SCHOKOLADENSAUCE
125 g Halbbitterschokolade
2 EL Orangensaft
50 g Puderzucker
25 g Butter

Elektroherd 200°C/Gas Stufe 3

ZUBEREITUNG

☞ Das Wasser mit der Butter zusammen zum Kochen bringen.

☞ Das Mehl auf einmal hineinschütten. Kräftig rühren, bis sich der Teig vom Topfrand löst und einen Kloß bildet. Abkühlen lassen.

☞ Die Eier nach und nach darunterrühren. Weiter rühren, bis der Teig glatt und glänzend ist.

☞ Den Teig in einen Spritzbeutel mit einfacher Tülle (1,25 cm) füllen. Etwa 24 Häufchen auf ein eingefettetes und mit Mehl bestäubtes Backblech spritzen.

☞ 15–20 Minuten backen, bis die Windbeutel gut aufgegangen und goldbraun sind. Ein paar Minuten vor dem Herausnehmen, mit einem scharfen Messer aufschlitzen, damit der Dampf entweichen kann. Auf einem Kuchengitter abkühlen lassen.

☞ Für die Füllung die Sahne steif schlagen. Puderzucker, Grand Marnier und Orangenschale dazugeben. Die Creme in einen Spritzbeutel mit kleiner Tülle füllen und die Creme durch die Schlitze in die Windbeutel spritzen.

☞ Für die Sauce alle Zutaten im Wasserbad erhitzen und gut vermischen.

SERVIERVORSCHLAG

Die Windbeutel auf eine Platte häufen und kurz vor dem Servieren mit der warmen Schokoladensauce übergießen.

Charlotte Louise

ZUTATEN

FÜR 8 PORTIONEN
18–20 Löffelbiskuits
175 g Butter
75 g Zucker
175 g Halbbitter- oder Milchschokolade
125 g gemahlene Mandeln
300 ml Schlagsahne
1/2 TL Mandelextrakt
DEKORATION
Schlagsahne
Pistazien
kandierte Veilchen oder Rosen
Satinband

ZUBEREITUNG

☞ Aus Pergamentpapier einen Kreis zuschneiden, leicht einölen und den Boden einer Charlotteform (1,4 l) damit auslegen.
☞ Die Löffelbiskuits am Rand der Form aufstellen.
☞ Die Butter mit dem Zucker schaumig rühren.
☞ Die Schokolade schmelzen. Etwas abkühlen lassen, dann zusammen mit den gemahlenen Mandeln zu der Butter geben.
☞ Die Sahne cremig, aber nicht steif schlagen. Den Mandelextrakt zufügen. Unter die Schokoladenmasse heben und gut vermischen.
☞ Die Creme in die Form füllen.
☞ Gut kühlen.

SERVIERVORSCHLAG

Auf eine Platte stürzen. Das Pergamentpapier entfernen und die Charlotte mit dem Spritzbeutel mit Schlagsahne verzieren. Mit Pistazien und Veilchen dekorieren. Ein Satinband um die Charlotte binden.

Birne Helene

ZUTATEN

FÜR 6 PORTIONEN
125 g Zartbitterschokolade
2 EL starker schwarzer Kaffee
2 EL Aprikosenkonfitüre
3 EL Wasser
4 EL Schlagsahne
1 kräftige Prise Zimt
4–8 Kugeln Vanille- oder Schokoladeneis
6 reife Birnen, geschält, halbiert und entkernt
SERVIERVORSCHLAG
Knusprige Kekse dazu servieren.

ZUBEREITUNG

☞ Schokolade, Kaffee, Konfitüre und Wasser in einen kleinen Topf mit dickem Boden geben. Unter ständigem Rühren langsam zum Kochen bringen.
☞ Vom Herd nehmen und Sahne und Zimt unterrühren.
☞ Durch ein Sieb in eine Schüssel streichen und erkalten lassen.
☞ Je 1 oder 2 Kugeln Eis auf 6 Dessertteller geben. Je 2 Birnenhälften darauflegen.

SERVIERVORSCHLAG

Die Schokoladensauce darübergießen und sofort zusammen mit knusprigen Keksen servieren.

Schokoladen-Orangen-Töpfchen

ZUTATEN

FÜR 8 PORTIONEN
175 g Halbbitterschokolade
Schale einer kleinen ungespritzten Orange, fein gerieben
3 Eier, getrennt
2–3 EL Curaçao Orange
225 ml Schlagsahne
DEKORATION
Schlagsahne
Sprialen aus Orangenschale
Schokoladen-Orangen oder Ingwerstäbchen

ZUBEREITUNG

☞ Schokolade im Wasserbad schmelzen.
☞ Vom Herd nehmen, Orangenschale, Eigelb und Likör unterrühren. Gut umrühren und abkühlen lassen.
☞ Sahne cremig schlagen. Eiweiß steif schlagen. Sahne und Eischnee unter die Schokoladenmischung heben.
☞ In 8 Töpfchen füllen und gut kühlen.

SERVIERVORSCHLAG

Mit einem Löffel dickflüssiger Sahne, Spiralen aus Orangenschale und Schokoladenstäbchen anrichten.

Schneeball-Pie

ZUTATEN

FÜR 6 PORTIONEN
225 g Halbbitterschokolade
50 g Butter
75 g Rice Krispies
400 ml Vanilleeis
400 ml Schokoladeneis
400 ml Erdbeereis
SERVIERVORSCHLAG
Schokoladen- oder Schokoladenkaramelsauce (s. S. 116)
Kokosraspeln, geröstet

ZUBEREITUNG

☞ Schokolade mit der Butter schmelzen
☞ Die Rice Krispies dazugeben und gut verrühren.
☞ Die Mischung in eine flache Form von 20 cm Durchmesser füllen und am Rand gut andrücken. Ins Gefrierfach stellen, bis die Masse fest ist.
☞ Die Eiskugeln daraufhäufen.
☞ Mit der Sauce übergießen, die Kokosraspeln darüberstreuen und sofort servieren.

Schokoladentrifle

ZUTATEN

FÜR 6 PORTIONEN
200 g Schokoladen-Biskuitrolle, Marmor- oder Teekuchen
420 g Aprikosenhälften aus der Dose, gut abgetropft
600 ml Schokoladencremesauce (s. S. 118)
300 ml Schlagsahne
DEKORATION
Schokoladenornamente (s. S. 18) oder Schokoladenblättchen
Makronen
kandierte Kirschen etc.

ZUBEREITUNG

☞ Die Biskuitrolle, den Marmor- oder Teekuchen in 1 cm dicke Scheiben schneiden und eine Schüssel damit auslegen.
☞ Die abgetropften Aprikosenhälften darauf verteilen.
☞ Die Schokoladencremesauce über die Aprikosen gießen.
☞ Mit dem Spritzbeutel mit Schlagsahne und mit Schokoladenornamenten etc. nach Belieben verzieren.

Schokoladeneiscreme

ZUTATEN

FÜR 4–6 PORTIONEN
175 g Zucker
150 ml Wasser
450 g Milchschokolade
1 Eigelb
900 ml Schlagsahne

ZUBEREITUNG

☞ Zucker und Wasser in einem Topf bei mittlerer Hitze erwärmen. Zum Kochen bringen und 7 Min. köcheln lassen.
☞ Die Milchschokolade in kleine Stückchen brechen und unter Umrühren bei geringer Hitze zergehen lassen.
☞ Das Eigelb unterrühren. Abkühlen lassen.
☞ Die Sahne cremig, aber nicht steif schlagen. Unter die Schokoladenmischung heben.
☞ In eine, evtl. zwei Eisschalen füllen und ins Gefrierfach stellen. Die Mischung zweimal, im Abstand von 1 Stunde, umrühren und einfrieren.

SERVIERVORSCHLAG

Das Eis etwa 30 Minuten vor dem Servieren aus dem Gefrierfach nehmen und in den Kühlschrank stellen, damit es etwas weich werden kann.

Schokoladenrolle

ZUTATEN

FÜR 6–8 PORTIONEN
175 g Bitterschokolade
5 Eier, getrennt
175 g Zucker
3 EL heißes Wasser
Puderzucker, gesiebt
FÜLLUNG
425 ml Schlagsahne
50 g Puderzucker, gesiebt
25 g ungesüßtes Kakaopulver
2 TL Pulverkaffee
1 Päckchen Vanillinzucker
DEKORATION
Puderzucker
Schlagsahne
kandierte Früchte

Elektroherd 180°C/Gas Stufe 2

ZUBEREITUNG

☞ Schokolade im Wasserbad schmelzen.
☞ Eigelb in eine große Schüssel geben. Mit dem Zucker schlagen, bis die Masse blaßgelb und schaumig ist.
☞ Heißes Wasser zur Schokolade gießen, glatt rühren. Unter die Eicreme ziehen.
☞ Eiweiß steif schlagen. Vorsichtig unter die Schokoladenmischung heben. In eine eingefettete und mit Pergamentpapier ausgelegte flache Backform (39 x 24 cm) geben.
☞ 15–20 Minuten backen, bis der Teig fest ist.
☞ Aus dem Backofen nehmen. Mit Pergamentpapier und einem feuchten Küchenhandtuch abdecken. Ruhen lassen, bis der Biskuitboden ganz ausgekühlt ist.
☞ Für die Füllung alle Zutaten in eine Schüssel geben. Schlagen, bis eine dickflüssige Creme entsteht. Kalt stellen.
☞ Den Biskuitboden auf mit Puderzucker bestäubtes Pergamentpapier stürzen. Das Pergamentpapier von der Unterseite abziehen.
☞ Die Füllung bis 2,5 cm vom Rand entfernt auf dem Biskuit verteilen. Mit Hilfe des Pergametnpapiers wie eine Biskuitrolle aufrollen.
☞ Mit dem Überschlag nach unten auf eine Servierplatte legen und vor dem Servieren 1 Stunde lang kalt stellen.

SERVIERVORSCHLAG

Die Rolle mit Puderzucker bestäuben. Auf der Oberseite mit dem Spritzbeutel mit Schlagsahne und kandierten Früchten dekorieren.

Mürbeteigtörtchen mit Schokoladen-Frischkäse-Füllung

ZUTATEN

FÜR 6 PORTIONEN
450 g Frischkäse
3 Eier, getrennt
125 g Zucker
150 ml Sauerrahm
15 g gemahlene Gelatine
4 EL Wasser
175 g geraspelte Milchschokolade
175 g Halbbitterschokolade
6 Mürbeteigtörtchen (ca. 7,5 cm Durchmesser)
DEKORATION
Bittere Raspelschokolade

ZUBEREITUNG

☞ Den Frischkäse und die Eigelb in eine Schüssel geben. Die Hälfte des Zuckers zufügen, gut miteinander mischen.
☞ Den Sauerrahm unterrühren.
☞ Die Gelatine in dem Wasser auflösen.
☞ Die Eiweiß steif schlagen. Den restlichen Zucker unterziehen.
☞ Die Gelatine mit dem Frischkäse vermischen.
☞ Die Baisermasse und die geraspelte Schokolade zu der Käsemischung geben.
☞ Die Käsecreme in 6 Förmchen füllen und kalt stellen, bis sie fest ist.
☞ Die Halbbitterschokolade schmelzen. Die Außenseite der Mürbeteigtörtchen damit überziehen. Auf kleine Gläser stürzen, damit die Schokolade fest werden kann.
☞ Die Käsecreme aus den Förmchen nehmen und in die Mürbeteigtörtchen setzen.

SERVIERVORSCHLAG

Mit Raspelschokolade garnieren.

Crème Bavarois mit Schokolade und Kaffee

ZUTATEN

FÜR 6–8 PORTIONEN
4 Eigelb
50 g Zucker
1 Päckchen Vanillinzucker
570 ml Milch
175 g geriebene dunkle Schokolade
1 EL Mokka (starker Kaffee)
15 g gemahlene Gelatine
4 EL kaltes Wasser
300 ml Schlagsahne
2 Eiweiß

DEKORATION
Schlagsahne
Schokoladenspäne (s. S. 17)

ZUBEREITUNG

☞ Eigelb, Zucker und Vanillinzucker zu einer blaßgelben, schaumigen Creme schlagen.
☞ Die Milch erwärmen und an die Eicreme gießen. Im Wasserbad so lange rühren, bis sie andickt.
☞ Schokolade und Mokka zu der Creme geben. Umrühren, bis sich die Schokolade ganz aufgelöst hat. Vom Herd nehmen.
☞ Das Wasser und die Gelatine in eine Schüssel geben. Im Wasserbad erwärmen, bis sich die Gelatine ganz aufgelöst hat. Etwas abkühlen lassen.
☞ Die Gelatine unter die Schokoladencreme rühren. Ruhen lassen, bis die Mischung andickt.
☞ Die Sahne cremig schlagen. Die Eiweiß steif schlagen.
☞ Die Sahne unter die Schokoladencreme heben.
☞ Den Eischnee unter die Schokoladencreme heben. Gut mischen.
☞ Die Creme in eine schwach geölte Form (1,5 l) füllen. Kalt stellen, bis sie fest wird.

SERVIERVORSCHLAG

Die Crème Bavarois auf eine Platte stürzen. Mit Schlagsahne und Schokoladenspänen verzieren.

Eisbombe mit Haselnüssen

ZUTATEN

FÜR 6–8 PORTIONEN
600 ml Vanilleeis
50 g geröstete Haselnüsse, fein gehackt
600 ml Schokoladeneis (s. S. 87)
30 ml Rum
DEKORATION
300 ml Schlagsahne
ganze Haselnüsse

ZUBEREITUNG

☞ Eine Eisbomben- oder Puddingform (1,2 l) über Nacht ins Gefrierfach stellen.

☞ Das Vanilleeis weich werden lassen und die Haselnüsse daruntermischen. Die Form mit dem Eis auskleiden und einfrieren.

☞ Das Schokoladeneis mit dem Rum mischen. Die Form damit auffüllen. Mit eingeöltem Pergamentpapier abdecken und ins Gefrierfach stellen.

SERVIERVORSCHLAG

Die Eisbombe auf eine Platte stürzen. Mit dem Spritzbeutel mit Schlagsahne und mit ganzen Haselnüssen dekorieren. In Stücke aufgeschnitten servieren.

Schoko-Kastanien Mont Blanc

ZUTATEN

FÜR 6–8 PORTIONEN
50 g Butter
25 g Zucker
175 g Edelbitterschokolade, geschmolzen
350 g Kastanienpüree
1–2 EL Sherry
DEKORATION
Schlagsahne
Makronen
geriebene, dunkle Schokolade

ZUBEREITUNG

☞ Butter und Zucker schaumig rühren.
☞ Die geschmolzene Schokolade unterziehen.
☞ Kastanienpüree und Sherry dazugeben.
☞ Die Mischung in Dessertschälchen aufhäufen. Kalt stellen.
☞ Die Häufchen mit einem Löffel oder einem Spritzbeutel mit einem Sahnehäubchen versehen. Den »Fuß« der Berge mit Makronen verzieren und nach Belieben noch mit geriebener Schokolade bestreuen.

Mohr im Hemd

ZUTATEN

FÜR 6–8 PORTIONEN
125 g Butter
125 g Zucker
6 Eier, getrennt
125 g geriebene, bittere Schokolade
125 g gemahlene Mandeln
1 TL Mokka (starker Kaffee)
SAUCE
175 g Bitterschokolade
175 ml Wasser
75 g Butter
CREME
300 ml Schlagsahne
1–2 EL Puderzucker
ein paar Tropfen Nußlikör

Elektroherd 180°C/Gas Stufe 2

ZUBEREITUNG

☞ Butter und Zucker schaumig rühren. Die Eigelb einzeln unterziehen.
☞ Schokolade, Mandeln und Mokka dazugeben.
☞ Eiweiß steif schlagen und vorsichtig unter die Schokoladenmischung heben.
☞ 6–8 feuerfeste Förmchen einfetten und mit feinem Zukker bestäuben. Die Schokoladencreme hineinfüllen.
☞ In die halb mit Wasser gefüllte Saftpfanne stellen. 30–40 Minuten garen, bis der Teig aufgegangen und fest ist. Ein paar Minuten abkühlen lassen.
☞ Für die Sauce Schokolade und Wasser in einen Topf geben. Bei schwacher Hitze unter ständigem Umrühren erwärmen, bis die Masse glatt wird. Vom Herd nehmen und die Butter dazugeben.
☞ Die Sahne cremig schlagen. Puderzucker und Nußlikör untermischen.
☞ Auf jeden Dessertteller etwas Sauce geben. Die Puddinge stürzen. Mit Schlagsahne bestreichen.

Schokoladenterrine

ZUTATEN

FÜR 6–8 PORTIONEN
1 gekaufter Rührkuchen (450 g)
175 Bitterschokolade
150 g Zucker
4 EL Wasser
125 g Kakao
175 g Butter
1 Ei
2 Eigelb
50 g Belegkirschen, gehackt
50 g Rosinen
50 g Pistazien, gehackt
300 ml Schlagsahne

ZUBEREITUNG

☞ Eine Kastenform (1,2 kg) mit Pergamentpapier auslegen.
☞ Den Rührkuchen in dünne Scheiben schneiden. Die Form damit auslegen.
☞ Die Schokolade schmelzen.
☞ Den Zucker mit dem Wasser in einem kleinen Topf bei schwacher Hitze langsam erwärmen, bis der Zucker sich auflöst.
☞ Kakao und Butter miteinander verrühren. Den Zuckersirup, die geschmolzenen Schokolade und die Eier dazugeben. Kirschen, Rosinen und Pistazien zufügen.
☞ 1/3 der Schokoladenmasse in die mit Kuchen ausgelegte Form streichen. Eine Lage Kuchenscheiben darüber schichten. Das Verfahren wiederholen. Mit einer Kuchenschicht abschließen. Die Oberfläche begradigen. Zudecken und über Nacht kalt stellen.
☞ Die Terrine auf eine Platte stürzen und mit Schlagsahne bestreichen.

Kinderrezepte

Pfefferminzplätzchen mit Schokolade

ZUTATEN

FÜR ETWA 40 STÜCK
1 großes Eiweiß
1/4 TL Pfefferminzessenz
350 g Puderzucker, gesiebt
etwas Speisestärke
125 g Vollmilchschokolade

ZUBEREITUNG

☞ Eiweiß und Pfefferminzessenz in eine Schüssel geben.
☞ Nach und nach den Puderzucker dazugeben, bis eine dicke Paste entsteht. Kneten, bis die Masse glatt ist.
☞ Ein Backbrett mit Speisestärke bestäuben. Die Fondantmasse 0,75 cm dick darauf ausrollen. Mit Ausstechformen (4 cm groß) Plätzchen daraus ausstechen. Auf Pergamentpapier legen und über Nacht trocknen lassen.
☞ Die Schokolade schmelzen. Jedes Pfefferminzplätzchen bis zur Hälfte eintauchen. Überschüssige Schokolade abtropfen lassen. Auf Pergamentpapier legen und fest werden lassen.

Osternester

ZUTATEN

FÜR ETWA 6 STÜCK
2 Tassen Cornflakes
75 g Edelbitterschokolade, in Stückchen gebrochen
1 EL Butter
1 EL Zucker
1 EL ungesüßtes Kakaopulver
kleine Zuckereier

ZUBEREITUNG

☞ Die Cornflakes etwas zerkleinern. In eine Schüssel geben.
☞ Schokolade, Butter, Zucker und Kakaopulver in einen Topf geben. Unter ständigem Umrühren schmelzen lassen.
☞ Über die Cornflakes gießen. Gut mischen.
☞ Die Masse in Tortenförmchen aus Stanniol oder Gebäckkapseln geben. Mit einem Teelöffel zu Nestern formen.
☞ Im Kühlschrank fest werden lassen.

SERVIERVORSCHLAG

Die Schokoladennester mit Zuckereiern füllen.

Gefrorene Doppeldecker mit Schokoladenfüllung

ZUTATEN

FÜR ETWA 20 STÜCK
125 g Butter
125 g Zucker
2 El verquirltes Ei
ein paar Tropfen Zitronensaft
25 g ungesüßtes Kakaopulver
200 g Mehl
FÜLLUNG
1 großes Eiweiß
6 EL Zucker
225 g Schlagsahne
1 EL ungesüßtes Kakaopulver
ein paar Tropfen Zitronensaft
ÜBERZUG
wahlweise gehackte, geröstete Mandeln, geröstete Kokosraspeln oder zerkleinerte Roggen-Butterkekse (Reformhaus)

Elektroherd 180°C/Gas Stufe 2

ZUBEREITUNG

☞ Butter und Zucker zu einer blaßgelben Creme schlagen.
☞ Das Ei und den Zitronensaft unterziehen.
☞ Mehl und Kakaopulver (vorher zusammengesiebt) unterrühren, so daß ein fester Teig entsteht.
☞ Leicht durchkneten, bis der Teig glatt ist. Auf einem bemehlten Backbrett zu 1/2 cm Dicke ausrollen.
☞ Mit einer Ausstechform von 6,5 cm Durchmesser runde Plätzchen ausstechen.
☞ Auf ein Backblech setzen und etwa 15 Minuten backen. Auf einem Kuchengitter abkühlen lassen.
☞ Für die Füllung das Eiweiß steif schlagen. 2 EL von dem Zucker dazugeben.
☞ Sahne, den übrigen Zucker, Kakaopulver und Zitronensaft in einer anderen Schüssel steif schlagen.
☞ Den Eischnee unter die Schokoladenmischung heben.
☞ Einen Löffel von der Creme auf die Hälfte der Kekse geben. Die übrigen Kekse darauf setzen. Etwas andrücken.
☞ Ins Gefrierfach stellen, bis die Creme fest ist.
☞ Die Kekse so in dem gewählten Überzug wälzen, daß die Ränder damit überzogen werden.
☞ Die Kekse einzeln in Alufolie verpacken und über Nacht ins Gefrierfach legen.

Küchlein »Christmas Pudding«

ZUTATEN

FÜR ETWA 6–8 STÜCK
125 g Milchschokolade
2 EL Butter
2 EL Orangensaft
2 EL Puderzucker
2 EL Kuchenkrümel (am besten einfacher Biskuitkuchen)
1 EL gemahlene Mandeln
DEKORATION
geriebene Schokolade
etwas dicker Zuckerguß
Belegkirschen

ZUBEREITUNG

☞ Die Schokolade im Wasserbad schmelzen.

☞ Die Butter dazugeben und ebenfalls schmelzen. Die Schüssel aus dem Wasserbad nehmen.

☞ Orangensaft, Puderzucker, Kuchenkrümel und gemahlene Mandeln dazugeben. Gut umrühren.

☞ Etwa 1 Stunde kalt stellen, bis die Masse fest wird.

☞ Kleine Kugeln daraus formen und in der geriebenen Schokolade wälzen.

☞ In Konfektkapseln setzen. Mit Zuckerguß und gehackten Belegkirschen dekorieren.

Süße Leckereien

Amarettitrüffel

ZUTATEN

FÜR ETWA 16 STÜCK
50 g Butter
175 g Puderzucker
75 g Mokka-Sahne-Schokolade
1 TL Instant Kaffeepulver
ein paar Tropfen Bittermandelöl
etwa 16 kleine harte Makronen (am besten italienische Amaretti)
125 g Mokka-Sahne-Schokolade

ZUBEREITUNG

☞ Die Butter mit dem Puderzucker verrühren.

☞ Die Schokolade mit dem in ein paar Tropfen kochendem Wasser gelösten Kaffee im Wasserbad schmelzen.

☞ Die Schokolade aus dem Wasserbad nehmen, das Bittermandelöl dazugeben. Mit der Buttermischung verrühren. Kalt stellen, bis man die Masse verarbeiten kann.

☞ Kleine Kugeln aus der Masse formen und auf die flache Seite der Makronen drücken.

☞ Die Schokolade schmelzen. Die Makronen mit der »Trüffelseite« hineintauchen. Mit der schokoladenüberzogenen Seite nach oben fest werden lassen.

Colettes

ZUTATEN

FÜR ETWA 16 STÜCK
225 g Milchschokolade
1 EL starker schwarzer Kaffee
2 EL Schlagsahne
50 g Butter
2 Eigelb
2–3 TL Rum (oder Brandy, Sherry, Cointreau, Maraschino)
DEKORATION
kleine Nuß- oder Kirschenstückchen oder kandierte Blüten

ZUBEREITUNG

☞ Die Hälfte der Schokolade schmelzen. Etwas Schokolade in doppelte Konfektkapseln oder Petit Four Förmchen geben. Mit dem Stiel eines Teelöffels gut verteilen.

☞ Die Kapseln oder Förmchen auf Pergamentpapier stürzen und an einem kühlen Ort fest werden lassen.

☞ Die übrige Schokolade im Wasserbad schmelzen. Kaffee und Sahne hinzufügen. Gut umrühren.

☞ Aus dem Wasserbad nehmen. Die Butter würfeln und nach und nach unter die Schokoladenmischung rühren.

☞ Die Eigelb und den Rum unterrühren. Kalt stellen, bis die Masse dick wird.

☞ Die Kapseln oder Förmchen vorsichtig von der Schokolade abziehen. Mit einem Spritzbeutel mit Sterntülle die Creme in die Schokoladenförmchen füllen.

☞ Nach Belieben verzieren. In frische Konfektkapseln setzen oder in einem hübschen Kästchen verpacken.

Feine Schokoladentrüffel

ZUTATEN

FÜR ETWA 30 STÜCK
225 g Milchschokolade
125 g Butter, gewürfelt
2 TL Likör (Cointreau, Rum oder Brandy)
175 g Puderzucker
ÜBERZUG
gemahlene Nüsse

ZUBEREITUNG

☞ Die Schokolade schmelzen. Vom Herd nehmen.
☞ Butter und Likör zufügen und glatt rühren.
☞ Den Puderzucker unterrühren.
☞ Kalt stellen, bis die Masse fest wird.
☞ Zu kleinen Kugeln von etwa 2,5 cm Durchmesser formen. In den gemahlenen Nüssen wälzen.

SERVIERVORSCHLAG

In Konfektkapseln setzen. Kühl aufbewahren.

ABWANDLUNGEN

Die Trüffel können auch in Puderzucker, Kakaopulver, Trinkschokolade, Schokoladenstreuseln oder geriebener Schokolade gewälzt werden.

Schokoladenfondant mit Nüssen und Marshmallows

ZUTATEN

FÜR ETWA 700 g
450 g Milchschokolade
50 g Butter
2 EL Schlagsahne
1/2 Päckchen Vanillinzucker
50 g Walnüsse, gehackt
125 g Marshmallows, mit einer nassen Schere in kleine Stückchen zerschnitten
225 g Puderzucker, gesiebt
DEKORATION
75 g dunkle Schokolade

ZUBEREITUNG

☞ Schokolade und Butter im Wasserbad schmelzen. Sahne und Vanillinzucker dazugeben.
☞ Aus dem Wasserbad nehmen, Walnüsse, Marshmallows und Puderzucker unterrühren.
☞ Die Fondantmasse in eine mit Pergamentpapier ausgelegte flache Backform (20 x 20 cm) füllen.
☞ Kalt stellen, bis die Masse fest ist.
☞ Die Schokolade schmelzen. Mit einem Spritzbeutel mit einfacher Tülle über das Fondant sprenkeln. Fest werden lassen.

SERVIERVORSCHLAG

Mit Ausstechformen Plätzchen ausstechen.

Schokoladenfondantbrocken

ZUTATEN

FÜR ETWA 700 g
450 g Zucker
150 ml Milch
125 g Butter
175 g Bitterschokolade
knapp 50 g Honig

ZUBEREITUNG

☞ Alle Zutaten in einen Topf mit dickem Boden geben.

☞ Unter ständigem Rühren bei schwacher Hitze erwärmen, bis sich der Zucker vollständig aufgelöst hat.

☞ Zum Kochen bringen und zum schwachen Ballen kochen, bei 116°C.

☞ Vom Herd nehmen und den Topfboden in kaltes Wasser halten, damit die Masse nicht weiterkochen kann.

☞ 5 Minuten stehen lassen. Die Masse mit einem Holzlöffel schlagen, bis sie dick und cremig wird und zu bröckeln beginnt. Bevor das Fondant zu steif wird, in eine eingefettete Form (20 x 20 cm) geben. Erstarren lassen.

☞ Mit einem eingefetteten Messer in Quadrate von 2,5 cm zerschneiden. Fondant zwischen Pergamentpapierlagen in einer Blechdose aufbewahren.

Schokoladeneier

ZUTATEN

FÜR 4 STÜCK
4 mittelgroße Eier
225 g Milchschokolade
75 g Krokant, fein gemahlen
2 EL Sahne

ZUBEREITUNG

☞ Mit einem Eierpiekser oder einer Nadel ein Loch in die Spitze jedes Eis stechen.

☞ Mit einer Nagelschere das Loch auf etwa 1 cm vergrößern.

☞ Mit einem Zahnstocher das Eigelb anstechen und das rohe Ei in eine Schüssel fließen lassen.

☞ Die Eierschalen gründlich, aber vorsichtig ausspülen. Trocknen lassen.

☞ Die Schokolade schmelzen. Krokant und Sahne unterrühren. Die Masse in die trockenen Eierschalen gießen oder mit einem Löffel hineinfüllen. Fest werden lassen.

☞ Die Löcher mit einem kleinen runden Aufkleber versiegen. Mit der unverletzten Seite nach oben in einen Eierkarton setzen.

ABWANDLUNGEN

Wenn die Schokolade fest ist, die Eierschale vorsichtig entfernen. Mit Zuckerguß oder flüssiger Schokolade dekorieren. Mit Liebesperlen, Fondantblüten oder Bändern verzieren. Für Erwachsene kann man der Schokoladenmasse auch etwas Brandy oder Rum beimischen.

Rohkostpralinen

ZUTATEN

450 g Früchte (Erdbeeren, Trauben, Kirschen, Mandarinenschnittchen, geschälte Lychees)

450 g Bitterschokolade

ZUBEREITUNG

☞ Die festen Früchte waschen und gut abtrocknen. Wenn möglich, den Stiel nicht entfernen.

☞ Die Schokolade schmelzen.

☞ Die Früchte mit dem Stiel oder einem Zahnstocher zur Hälfte in die Schokolade tauchen. Überschüssige Schokolade abschütteln.

☞ Die Früchte auf einem mit Pergamentpapier ausgelegten Tablett an einem kühlen Ort trocknen lassen.

SERVIERVORSCHLAG

Die in Schokolade getauchten Früchte in Konfektkapseln setzen und innerhalb von 24 Stunden servieren.

ABWANDLUNGEN

Gezuckerte Orangenschale oder gezuckerter Ingwer können ebenfalls in Schokolade getaucht werden. Sie sind haltbarer und eignen sich deshalb besser zum Verschenken.

Baiserpilze

ZUTATEN

FÜR ETWA 8 STÜCK
1 Eiweiß
50 g Zucker, sehr fein
50 g geschmolzene, bittere Schokolade
SERVIERVORSCHLAG
ungesüßtes Kakaopulver

Elektroherd 140°C/Gas Stufe 1

ZUBEREITUNG

☞ Das Eiweiß steif schlagen.

☞ Nach und nach den Zucker unterrühren, bis die Masse steif und glänzend ist.

☞ Die Baisermasse in einen Spritzbeutel mit einfacher Tülle (1 cm Durchmesser) füllen.

☞ Ein Backblech mit Pergamentpapier auslegen. 6–8 kleine Baiserhäufchen von etwa 2,5 cm Durchmesser darauf spritzen, die die Pilzkappen darstellen sollen.

☞ Als nächstes 6–8 kleinere Häufchen spritzen und zu einer Spitze ausziehen, sie bilden später die Stiele.

☞ Etwa 1 Stunde backen, bis das Baiser trocken und knusprig ist. Abkühlen lassen.

☞ Mit der Spitze eines scharfen Messers ein kleines Loch an der Unterseite der Pilzkappen aushöhlen.

☞ Etwas geschmolzene Schokolade auf die Unterseite der Pilzkappen streichen und vorsichtig auf einen Stiel setzen. Fest werden lassen.

☞ Vor dem Servieren die Pilze mit etwas Kakaopulver bestäuben.

Popcorn mit Schokoladenkaramel

ZUTATEN

50 g brauner Zucker
25 g Butter
1 EL Milch
50 g Schokoladenlocken
1 Prise Natron
5 Tassen Popcorn

Elektroherd 150°C/Gas Stufe 1

ZUBEREITUNG

☞ Zucker, Butter und Milch in einen Kochtopf mit dickem Boden geben.
☞ Unter ständigem Rühren bei schwacher Hitze soweit erwärmen, bis Butter und Zucker geschmolzen sind. Zum Kochen bringen.
☞ Ohne umzurühren, etwa 2 Minuten kochen lassen.
☞ Vom Herd nehmen. Schokolade und Natron hinzufügen. Umrühren, bis die Schokolade geschmolzen ist.
☞ Das Popcorn in eine Schüssel geben. Die flüssige Schokolade darübergießen, gut durchschütteln, bis das Popcorn gleichmäßig überzogen ist.
☞ Das Popcorn auf einem Backblech verteilen. Etwa 15 Minuten backen. Prüfen, ob es knusprig ist. Wenn nötig, noch weitere 5–10 Minuten backen. Abkühlen lassen.

Saucen

Schokosauce mit Sahne

ZUTATEN

FÜR 4 PORTIONEN
225 g Zartbitterschokolade
150 ml Schlagsahne

ZUBEREITUNG

☞ Die Schokolade in ganz kleine Stückchen schneiden. In einem kleinen Kochtopf sehr schnell schmelzen.

☞ Die Sahne dazugeben. Kräftig rühren, bis die Sauce glatt ist und sofort mit Eis oder Obst wie Bananen oder Birnen servieren.

Schokoladensauce

ZUTATEN

FÜR 3–4 PORTIONEN
50 g ungesüßtes Kakaopulver
4 EL Zucker
50 g Butter
150 ml Milch
1/2 Päckchen Vanillinzucker

ZUBEREITUNG

☞ Kakaopulver, Zucker und Butter in einem kleinen Topf bei schwacher Hitze erwärmen, bis sich die Zutaten gut mischen.
☞ Milch und Vanillinzucker dazugeben.
☞ Zum Kochen bringen und etwa 3 Minuten köcheln lassen. Kalt oder warm servieren.

ABWANDLUNGEN

Schokoladen-Orangen-Sauce: Statt Vanillinzucker die Schale 1/2 ungespritzten Orange an die Sauce geben.
Honig-Schokoladen-Sauce: Statt des Zucker Honig und anstelle des Vanillinzuckers Zitronensaft verwenden.
Schoko-Nuß-Sauce: Vanillinzucker weglassen. 1 EL Erdnußbutter unter die Sauce rühren.
Schoko-Ingwer-Sauce: 25 g gehackten Ingwer an die Sauce geben.

Schokoladenfondantsauce

ZUTATEN

FÜR 4–6 PORTIONEN
15 ml ungesüßtes Kakaopulver
175 g Kondensmilch
75 g geriebene Halbbitterschokolade
25 g Butter
25 g brauner Zucker

ZUBEREITUNG

☞ Kakaopulver und Kondensmilch in einen Topf geben, gut verrühren.
☞ Die übrigen Zutaten dazugeben. Unter ständigem Umrühren langsam erwärmen, die Schokolade, Butter und Zucker geschmolzen sind. Nicht kochen. Heiß oder warm servieren.

Schokoladensirup

Diesen Sirup kann man für Milchmixgetränke verwenden oder als Sauce zu Eis, Pfannkuchen, Waffeln etc. Zum Verdünnen fügt man einfach ein wenig Sahne oder Milch hinzu.

ZUTATEN

350 g brauner Zucker
125 g ungesüßtes Kakaopulver
300 ml kochendes Wasser
2 TL Weinbrand

ZUBEREITUNG

☞ Zucker und Kakaopulver mischen.
☞ Unter ständigem Umrühren das Wasser dazugeben.
☞ Die Mischung in einem kleinen Topf unter häufigem Rühren 5 Minuten köcheln lassen.
☞ Abkühlen lassen. Weinbrand dazugeben.
☞ Zugedeckt in den Kühlschrank stellen.

Schokoladencremesauce

ZUTATEN

FÜR 2 1/2 TASSEN / 600 ml
2 1/2 Tassen/600 ml Milch
6 Eigelb
50 g Zucker
125 g bittere Schokolade, gerieben

ZUBEREITUNG

☞ Die Milch in einem Kochtopf bis fast zum Kochen bringen. Vom Herd nehmen.
☞ Eigelb und Zucker zu einer dicken, lockeren Creme schlagen.
☞ Unter ständigem Schlagen die Milch nach und nach an die Eicreme gießen.
☞ Die Mischung wieder in den Kochtopf füllen und bei schwacher Hitze unter ständigem Rühren solange erhitzen, bis die Creme an der Unterseite eines Löffels hängen bleibt.
☞ Vom Herd nehmen und die Schokolade dazugeben. Umrühren, bis die Schokolade geschmolzen ist.

SERVIERVORSCHLAG

Die Sauce kann heiß oder kalt serviert werden.
Zum Abkühlen die Sauce in eine Schüssel füllen und feuchtes Pergamentpapier direkt auf die Sauce legen, damit sich keine Haut bilden kann. Kalt stellen.

Marsriegelsauce

Diese Sauce ist ebenso wie die Schokosauce mit Sahne (Rezept s. S. 115) im Handumdrehen zubereitet und ausgesprochen köstlich.

ZUTATEN

FÜR 4 PERSONEN
4 Marsriegel
6 EL/90 ml Schlagsahne

ZUBEREITUNG

☞ Die Marsriegel würfeln. In einem kleinen Topf bei schwacher Hitze schmelzen.
☞ Die Sahne dazugeben. Gut umrühren, bis die Sauce glatt ist. Sofort über das Eis gießen und servieren.

ABWANDLUNGEN

☞ Mit etwas Rum oder Brandy nach Belieben verfeinern.

Getränke

Heiße Schokolade

ZUTATEN

225 g Milchschokolade
300 ml Wasser
450 ml Milch

SERVIERVORSCHLAG

brauner Zucker
Marshmallows oder Schlagsahne
Trinkschokoladenpulver

ZUBEREITUNG

☞ Die Schokolade mit dem Wasser in einen Topf geben. Unter ständigem Umrühren langsam erwärmen, bis sie sich ganz gelöst hat

☞ Die Milch gerade zum Kochen bringen.

☞ Die heiße Milch zu der Schokolade gießen, schaumig schlagen.

SERVIERVORSCHLAG

In vorgewärmte Becher gießen. Nach Wunsch mit braunem Zucker süßen. Marshmallows oder Schlagsahne dazugeben. Mit Trinkschokolade bestäuben.

Eisschokolade »Karibik«

ZUTATEN

FÜR 4 PORTIONEN
400 ml Milch
150 ml Sahne
2 kräftige Prisen geriebene Muskatnuß
2 kräftige Prisen gemahlener Zimt
1 kräftige Prise gemahlener Nelkenpfeffer
75 ml Schokoladensirup (s. S. 117)
SERVIERVORSCHLAG
Mokkaeis
Eiswürfel

ZUBEREITUNG

☞ Milch, Sahne und Gewürze in einer Schüssel gut miteinander mischen. Kalt stellen.
☞ Unmittelbar vor dem Servieren noch einmal gut durchschlagen.

SERVIERVORSCHLAG

Über Eiswürfel in Gläser gießen. 1–2 Kugeln Mokkaeis dazugeben.

Schokonanamilch

ZUTATEN

FÜR 2–3 PORTIONEN
300 ml Milch
45 ml Schokoladensirup (s. S. 117)
2 1/2 Tassen/600 ml Schokoladeneis
1 Banane, in Scheibchen geschnitten
SERVIERVORSCHLAG
Borkenschokolade

ZUBEREITUNG

☞ Milch, Schokoladensirup, Eis und Banane im Mixer zu einer glatten Creme verarbeiten.

SERVIERVORSCHLAG

In Gläser füllen und mit Borkenschokolade servieren.

EISSCHOKOLADE »KARIBIK«
SCHOKONANAMILCH

Schokoladen-Ei-Mix

ZUTATEN

FÜR 4–6 PORTIONEN
2 Eier
2 EL Zucker
200 ml Milch
3 EL Schokoladensirup (s. S. 117)
2 EL Crème de Cacao
2 EL Amaretto
200 ml Schlagsahne
geriebene Muskatnuß

ZUBEREITUNG

☞ Eier trennen.
☞ Eigelb mit 1 EL Zucker in eine Schüssel geben und schlagen, bis eine blaßgelbe dicke Creme entsteht.
☞ Milch, Schokoladensirup und Liköre zufügen. Gut durchschlagen. Kalt stellen.
☞ Die Sahne cremig, nicht steif schlagen. Die Eiweiß steif schlagen, den restlichen Zucker unterziehen.
☞ Die Eicreme zur Schlagsahne geben.
☞ Den Eischnee vorsichtig unterheben.

SERVIERVORSCHLAG

In kleine Gläser füllen und mit frisch geriebener Muskatnuß bestäuben.

Rezept- und Sachregister

T

U

W

X